科思论丛

本书由中国劳动和社会保障科学研究院资助出版

中国区域产业转移的就业效应分析

STUDY ON INTER-REGIONAL INDUSTRIAL TRANSFER'S
EFFECT ON EMPLOYMENT IN CHINA

李付俊 著

社会科学文献出版社
SOCIAL SCIENCES ACADEMIC PRESS (CHINA)

前　言

在全球化视野下，世界各国经济的融合成为当今全球经济发展的必然趋势。国际产业转移带动了全球制造业资源的重新分配，产业转移在全球范围内变得愈加复杂。随着世界经济结构的不断调整，我国经济发展的重心开始由"速度优先"转变为"质量优先"，"新常态"经济模式成为我国当前以及未来长期发展的主要趋势，产业结构调整迫在眉睫。从学科理论的角度来看，产业转移是产业经济学的重要研究内容，是发生在不同经济发展水平区域之间的一种重要经济学现象；从我国经济发展角度来看，产业转移是产业结构调整的主要方式之一，也是优化区域经济结构、协调区域间经济发展的重要桥梁。因此产业转移在协调区域间经济发展的基础上，必然会对社会经济的整体发展带来一定程度的影响。与此同时，我国特殊国情所带来的社会民生问题，特别是就业问题，是我国社会各界的重点研究课题。随着我国产业转移过程的不断推进，其对劳动力就业形势变化的影响不断深入，这不仅表现在劳动力就业总量在地理空间上的重新分布，而且对劳动力就业的不同维度都产生了一定程度的影响，包括劳动力的就业结构、就业技能等。基于此，本书主要针对我国区域产业转移的就业效应展开相关研究，综合运用文献分析法、经济学模型法以及实证研究法等研究方法，分别从理论与实证的角度对我国区域产业转移对就业影响的理论机制以及我国区域产业转移就业效应的数据经验判断进行了深入的研究。本书由六个章节构成。

第一章,引言。本章主要从研究背景、研究对象、概念界定、研究内容等方面介绍了本书研究的整体框架和研究过程,明确了本书的研究对象是我国区域产业转移的就业效应。区域产业转移主要指我国东部、中部以及西部地区工业制造业的产业转移,其带来的就业效应主要指对就业总量、就业结构以及劳动力就业技能方面的影响。

第二章,理论回顾与文献述评。本章对产业发展、产业结构调整以及产业转移的相关经典理论进行了梳理和回顾,发现关于产业转移如何在劳动力市场产生影响的研究尚处于初级阶段,不仅相关研究成果数量较少,已有的研究内容深度也不够,缺乏博士论文成果及高水平期刊的关注。而从该研究课题的实践意义上来讲,产业转移对就业的影响既是我国产业政策调整的重要依据,也是我国社会民生的重点内容之一。因此,本书展开了相关研究。

第三章,区域产业转移对就业影响的理论机制。本章是本书研究的重点内容,主要以区位因素论、比较成本论以及要素禀赋论等相关理论为基础理论框架,运用经济学模型方法,综合分析我国区域产业转移的影响因素和主要模式,以及其在不同模式下对就业产生的不同维度的影响。第一,区域生产要素禀赋因素、区位及市场需求因素、政策制度因素是影响我国区域产业转移的三大因素,其中政策制度因素在我国产业结构调整过程中发挥了较大作用。根据上述区域产业转移的主要影响因素,本书提出我国区域产业转移的三大主要模式,即要素导向型、市场开拓型以及政策导向型产业转移。第二,本书建立了我国区域产业转移就业效应的理论机制模型。根据我国区域产业转移的三种主要模式,提出我国区域产业转移就业效应的一般理论机制，包括要素投入－就业总量影响效应、比较优势－就业结构调整效应、资本技术－劳动力就业技能提升效应以及政策性转移－就业稳定效应。本章尝试运用更具有针对性的理论模型来深入探讨我国区域产业转移对就业影响的机制，以此作为分析我国区域产业转移带来的实际就业效应的理论基础。

第四章，区域产业转移就业效应的实证检验。本章对我国区域产业转移带来的就业效应进行了实证检验，对我国产业转移在劳动力市场的影响程度进行了数据经验判断。从就业总量影响效应来看，我国东部地区产业转移（转出）和西部地区产业转移（承接）会带来就业总量的减少，而中部地区产业转移会带来就业总量的增加；从就业结构调整效应来看，我国中、西部地区承接产业转移对劳动力从第一产业向第二、三产业转移的趋势产生了正向效应，但东部地区的第一产业就业人口变化与产业转移（转出）相关性并不大；从劳动力就业技能提升效应来看，我国区域产业转移劳动力就业技能提升效应在中部地区较为显著，在西部地区尚处于初始阶段，东部地区的产业转移以工业制造业的转出为主，其劳动力就业技能提升与产业转移相关性不大，而是更多的与平均工资紧密相关。

第五章，基于区域产业转移对就业影响的政策建议。本章在理论与实证研究结论的基础上提出以下建议。第一，确定就业优先战略的产业政策体系，使产业发展最大限度地带动就业增长；第二，发挥东部地区市场主导作用，加大人才培养力度；第三，实施中部地区承接产业转移主体多元化策略，壮大主导产业；第四，在西部地区进一步发挥政府在宏观调控方面的作用，加强西部地区产业配套基础设施建设。

第六章，研究结论与展望。本章总结了本书研究的主要结论和不足，并展望了未来的研究趋势，从而为后续的研究提供建议。

目　录

第一章　引言

第一节　问题的提出

一　全球化视野下国际产业转移的兴起与发展

全球化作为 21 世纪世界经济发展的代名词，其概念已经发展到一个较为成熟的阶段。众多学者在过去几十年间长期关注全球化问题，但学术界并没有对全球化的概念内涵进行清晰的界定，因此关于全球化的相关概念一直存在争议。[①] 全球化是伴随着国际商品和服务贸易的增加而出现的，通常指国际经济的变化，在具体现象方面指外国直接投资流入以及国际金融贸易的增加，包括以经济为通道实现国家之间经济活动的连通。[②] 从根本上说，全球化即世界上所有国家和人民的集合体[③]，在此基础上，罗兰·罗伯森（Roland Robertson）将全球意识加入全球化的概念中，使全球化在精神层次上丰富其概念内涵，加强其国际连

---

① Ruth Zimmerling, *Globalization and Democracy: A Framework for Discussion*, The Tampere Club, August, 2003.

② Robert Hunter Wade, *Critical Perspectives on Globalization*, Edward Elgar Pub. , 2006.

③ Joseph E. Stiglitz, *Globalization and Its Discontents*, W. W. Norton, 2002, p. 9.

通性。① 此外，也有一些学者认为目前的世界经济与其说是全球化，不如说是国际化，国际化与全球化在本质上并无区别，并且由全球化带来的经济压力并没有其他学者声称的那么大。②

虽然全球化的概念争议在学术界仍然是重点研究问题之一，但全球化的出现使全球经济活动与各国经济联系更加紧密的事实并没有改变，而且得到一致认可，全球化性质的投资活动对各国经济的影响逐渐得到关注。因此，随着全球化的逐渐深入，国际产业转移以及国内区域产业转移现象也逐渐成为当前国际经济以及各国经济研究中的热门话题。

国际产业转移是指发达国家将相对落后产业梯度转移到发展中国家，其基于市场经济配置资源的规律，具有结构性、客观性和趋势性。从发展中国家的经济发展来看，国际产业转移使发展中国家在全球制造业贸易中的份额出现了较快的增长，从20世纪80年代初的12%增加到90年代末的26%，目前约占1/3。③ 这反映了一个重要的现象，即发达国家出口制成品和发展中国家出口初级产品的贸易格局正在发生改变，发达国家与发展中国家之间的制造品贸易出现了双向增长，这是国际经济全球化以及国际产业转移发展的结果。传统意义上的国际产业转移以国际直接投资为主要载体，并呈现梯度推进特征。从产业层次上来看，国际产业转移表现为首先从纺织等劳动密集型产业开始，随后是钢铁、石化、冶金等资本密集型产业，然后是通信信息等一些较低层次的技术密集型产业，最后

---

① Roland Robertson and K. E. White（eds.），*Globalization：Critical Conceptsin Sociology*，Vol. 6，Routledge，2003，p. 2.

② Paul Hirst and Graham Thompson，*Globalization in Question：The International Economy and the Possibility of Governance*，Polity Press，1996.

③ 《发展中国家的贸易、外来投资和生产性就业》，国际劳工局，2004年11月。

是生物、知识研究、科技创新等高新技术密集型产业。从根本上说，产业转移是按照要素禀赋结构层次的基本路径，依次以劳动力、资本、技术、知识的密集程度为基础进行的。近年来，国际生产贸易形势出现了新的变化："南北贸易"成为世界贸易的重要组成部分，全球国际贸易的形式逐渐向中间产品贸易发展；产品生产周期缩短，新的产品生产模式逐渐成为主流，即部分生产环节的转移而非整个产品生产线的转移。[1] 通过上述国际贸易新格局的发展，我们可以发现价值链转移已成为国家之间产业转移的新趋势，同时，国际外包也成为国际产业转移的新趋势。从地域上来看，印度承揽了电子信息行业的外包，中国成为世界制造中心，墨西哥和东欧分别是北美和欧洲的最大外包中心。

从国际产业转移的国家转移趋势和转移路径来看，20 世纪国际产业转移逐步开始，并且从世界各个国家的经济发展阶段来看，其转移路径具有一定的规律性。同时，产业转移以制造业为主，世界制造业中心的变化是国际产业转移的基点。第一轮全球产业转移始于 20 世纪 50 年代，由欧美国家向东亚转移。美国在 19 世纪末成为世界制造业中心。经过将近一个世纪的内部发展和结构变动，世界制造业中心在 20 世纪中叶开始向亚洲国家转移，日本成为国际产业转移的下一个落脚点。第二轮全球产业转移始于 20 世纪 60 年代中期，全球性的国际产业转移主要表现为制造业从日本向"亚洲四小龙"（韩国、新加坡、中国台湾、中国香港）转移，世界制造业中心进一步发生变化。"亚洲四小龙"的发展是日本模式在东亚的扩散，在承接国际产业转移的初期阶段，其主要偏重于劳动密集型的低端产业，与日本一起承接了几乎全部可以从美国转移的非高科技

---

① 海闻、赵达：《国际生产与贸易格局的新变化》，《国际经济评论》2007 年第 1 期。

产业。第三轮全球产业转移始于20世纪下半叶，即制造业从美国经日本和太平洋西部岛链向中国转移，中国成为新的世界制造业中心。但并不是说国际产业转移只表现为美国制造业的"西进"过程，欧洲大陆的工业化"东进"至中国也是第三轮全球产业转移的重要表现，即世界工业化进程的东西两大潮流于20世纪下半叶在中国汇合。① 进入21世纪以来，随着中国经济的迅速崛起，第四轮全球产业转移表现较为复杂，世界各发达国家开始更加关注国内的产业转型升级，因此产业转移开始从国家之间向国家内部之间改变，紧跟着是产业在国内—国际市场上的角色转变。中国制造业的转型是世界制造业转移新过程的标志，即从外向型转变为内向型，生产的目标市场不再是美国或者世界其他地方，而是中国内地，主要表现为在我国沿海发达地区集中的产业开始向中、西部地区转移，同时也会带来部分制造业的海外扩展。美国制造业从20世纪初就开始向外转移，从美国到日本，从日本到"亚洲四小龙"，进而进入中国，中国从世界制造业中心变为世界市场中心。但由于经济危机影响，美国需要找到一批可以吸收大量劳动力的新兴产业，随着新兴国家收入水平的不断提高，美国出现了"产业回流"现象，这种回流可能是技术革新引起的制造业性质的改变，即生产技术特别是生产工艺的革命性变动使制造业改变劳动密集度，因此可能造成制造业在全球范围内的重新配置。

二 全球工业革命掀起新浪潮，制造业向新型智能化转变

随着时间的推移，全球范围内的工业革命随着技术及生产力的

---

① 张帆:《产业漂移：世界制造业和中心市场的地理大迁移》，北京大学出版社，2014，第193~194页。

升级而不断演进，经历了从工业革命 1.0 到 4.0 的演变过程。18 世纪晚期，蒸汽动力彻底改变了交通运输行业，使国际工业贸易在 1.0 时代得以实现；19 世纪末，随着电机和流水线生产的出现，形成了工业革命 2.0 时代的专业化模式，大规模生产彻底解决了传统工业生产的局限性；20 世纪末，信息和通信技术（ICT）革命带来工业革命 3.0 时代的全球生产碎片化模式，ICT 被用于经济、社会和人际交往与互动，极大地改变了人们的工作、沟通、学习和生活方式；21 世纪以来，人工智能、物联网、3D 打印等技术的兴起带来了工业革命 4.0 时代，旨在提升制造业的智能化水平，建立适应性强、资源利用率高及具有基因工程学特点的智慧工厂，在商业流程及价值流程中整合客户及商业伙伴，其技术基础是网络实体系统及物联网（见图 1 - 1）。

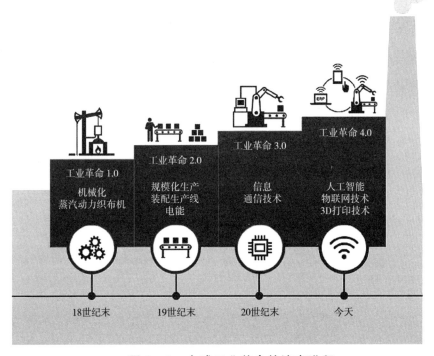

图 1 - 1　全球工业革命的演变进程

纵观历史，第一次工业革命中蒸汽机的使用大大降低了运输和时间成本，随之而来的第二次工业革命引入了电机和流水线生产，国际贸易的大规模扩大使各国能够专门生产效率最高的产品，从而加速了国际分工。动态的比较优势改变了专业化模式，在欠工业化的经济体中创造了新的生产机会。高收入经济体变得更加富裕，它们积累了资本并改进了生产技术，这将出口结构转向了技能和资本密集型产业。[1] 与此同时，按照"雁行"模式，商品化或技术简单的制成品生产将转移到生产成本较低的国家。例如，日本最初专门从事服装和皮革等非技术劳动密集型产业。当前，随着中国转变为资本和技术密集型制造业的主要出口国，劳动密集型产业转移到东亚和太平洋地区工资较低的国家。[2] 20 世纪 90 年代的信息和通信技术革命带来了第三次工业革命，引发了制造业出口导向型增长的新浪潮。在要素禀赋差异的驱动下，高收入经济体与中低收入经济体之间非技术劳动力工资的巨大绝对差异，使得跨境生产有利可图。信息和通信技术革命使挖掘国际生产碎片化的潜在利益成为可能，以相对较低的成本远程协调复杂任务得以实现。[3] 当前，通用物联网设备正在改变工业管理与运营，用于特定行业的物联网设备也在变得更加完善。同时，物联网通过与自动化技术、人工智能和云计算的组合应用，真正实现了传统工业向智能制造的转变。在这一转变过程中，数字孪生、人机交互、预测性维护、网络安全、弹性变化、自动化和边缘计算等正在成为智能制造的主要趋势。这些趋势

---

[1] 〔日〕赤松要：《我国产业发展的雁行形态》，《一桥论丛》1957 年第 5 期。

[2] Bela A. Balassa and Marcus Noland, "Japan in the World Economy," The Peterson Institute for International Economics, 1988.

[3] Raveendra N. Batra and Francisco R. Casas, "Intermediate Products and the Pure Theory of International Trade: A Neo Heckscher-Ohlin Framework," *American Economic Review*, 1973 (3): 297-311.

也将极大地改变制造业中机器与机器、人与机器、人与人、预测与操作、管理与运营之间的关系，推动工业革命4.0时代的到来。

相对于传统制造业而言，以智能工厂为代表的智能制造业是一种理想的生产系统，能够智能编辑产品特性、成本、物流管理、安全、信赖性、时间以及可持续性等要素，从而为每个顾客进行最优化的产品制造。这样一种"自下而上"的生产模式革命，不但能节约创新技术的成本与时间，还拥有培育新市场机会的网络容量。

2015年国务院《政府工作报告》中首次提出实施"中国制造2025"，坚持创新驱动、智能转型、强化基础、绿色发展，加快从制造大国转向制造强国。此后，"中国制造2025"一直是国务院工作部署的关键词之一。同年5月，国务院印发《中国制造2025》，这是我国实施制造强国战略第一个十年的行动纲领。2016年，国务院办公厅发布《关于开展消费品工业"三品"专项行动营造良好市场环境的若干意见》，促进消费品工业迈向中高端。2017年7月，李克强主持召开国务院常务会议，部署创建"中国制造2025"国家级示范区，加快制造业转型升级。政府的高度重视给中国新兴制造业的发展带来新契机，加之全球范围内的工业革命4.0技术的不断成熟与扩散，中国新兴制造业的智能化、信息化发展不断得以实现。

首先，从互联的发展来看，互联可分为四个层面。一是设备和设备的互联。单机智能设备相互连接，实现由智能生产线到智能车间，再到智能工厂的发展。二是设备和加工对象的互联。正如德国总理默克尔在2014年汉诺威工博会上所讲的，零件与机器可以进行交流。三是所有的制造系统、设备与人的互联。所有的装备、软件、硬件、网络都是围绕如何提升人的效率，为人更好地服务这一中心而设计的，虚拟物理空间等新概念也是实现人与智能制造系统交互的窗口和界面。四是万物互联。即所有的产品都会成为一个网络终端。其次,从数据的发展来看,信息化带来了海量的数据,如产品的数据、运营的数据、管理的数据、供应链的数据、研发的数据等。这些数据及时、准确、完整,带来了更精准、更高效、更科学的管理、决策,带来了更高的研发生产效率以及更低的运营成本。这是智能化水平不断提高以及网络、链接和传感无处不在共同作用的必然结果。最后,从"集成"的发展来看,"中国制造2025"将无处不在的传感器、嵌入式中端系统、智能控制系统、通信设施通过信息物理系统(CPS)形成一个智能网络。通过这个智能网络,人与人、人与机器、机器与机器以及服务与服务之间,能够形成互联,从而实现横向、纵向和端到端的高度集成。

三 新常态经济发展要求推动了中国产业转移的进程

改革开放是我国经济转型得到快速发展的关键因素之一,随着我国对外开放程度不断提高,加之国际经济的融入以及全球化程度的加深,我国外商直接投资(FDI)比重大幅度提升,迅速提高了我国国际贸易的发展速度和质量。1985 年,我国进出口总值仅为695 亿美元,2017 年达到 27.79 万亿元,比 2016 年我国进出口、出口和进口分别增长 14.2%、10.8% 和 18.7%[①],并且已于 2013 年超越美国成为全球第一大贸易国。同时,伴随着国际产业转移的不断深入,世界主要的跨国公司纷纷在中国设立分支机构,中国成为世界经济发展中的重要角色。

随着中国外贸规模不断扩大,中国对外贸易依存度(进出口总额占国民生产总值或国内生产总值的比重)不断上升,从 1978 年

---

① 参见 http://www.gov.cn/xinwen/。

的 9.7% 上升到 1990 年的 29.8%，2000 年达到 39.6%。虽然这期间有一定程度的波动，但总体呈上升趋势，并且从 2000 年开始，特别是入世后，我国对外贸易依存度稳步上升，2006 年我国对外贸易依存度达到 65.2%，处于最高值。这表明对外贸易是中国经济增长的重要因素。随着全球金融危机的爆发以及我国经济结构的调整，中国对外贸易依存度开始下降，2017 年中国对外贸易依存度已经下降至 31.96%。图 1 - 2 显示了 1978～2017 年我国对外贸易依存度的变化趋势。

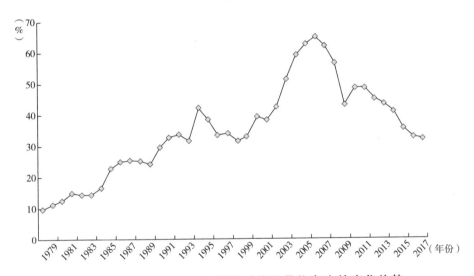

图 1 - 2　1978～2017 年我国对外贸易依存度的变化趋势

注：根据历年《中国统计年鉴》整理。

如上所述，自加入 WTO 以来，中国的出口导向型经济飞速发展。同时，伴随着世界范围内三次产业大转移，世界经济有所调整。从第三次国际产业大转移开始，大量生产加工型企业从"亚洲四小龙"往中国东部沿海地区转移，使中国东部沿海地区成为"世界工厂"。制造业的蓬勃发展，为中国经济的腾飞做出了巨大贡献，制造业也成为当时吸纳我国大部分劳动力就业的主要产业。由于全球经济发展速度放缓以及我国经济发展方式转变，目前我国产业结构实现了持续快速升级。特别是目前我国经济进入"新常态",经济增速放缓要求更注重经济发展质量以及产业结构的转型升级。其中,制造业中主要行业的发展趋势与其他典型国家的发展经验相符合,即经历先升后降的过程,纺织、缝纫、皮革工业,冶金工业,建材工业占 GDP 的比重等都出现了不同程度的下降。目前,受到经济转型以及产业结构调整的影响,我国重化工业峰值临近,特别是钢铁、电解铝等行业产能过剩现象较为突出。传统制造业属于资源密集型行业,曾依靠资源的稀缺性取得行业相对优势。但随着技术的进步以及中国产业转型升级的逐步推进,替代性产品出现并以更低廉的价格和可获得性抢占传统制造业市场,传统制造业竞争优势衰减,行业利润率下降。在传统制造业中,钢铁行业是产能过剩的代表。经历应对国际金融危机时期后,我国传统制造业的重点行业产能大规模扩张,然而需求不振的现状给了钢铁行业沉重一击,加之在经济转型过程中,钢铁行业供需矛盾尖锐,盈利水平持续下降,产能过剩问题暴露。2011 年后,受国际金融危机影响,国内外需求疲软,我国钢材价格指数持续走低。2015 年,我国粗钢实际产能约 12 亿吨,产能利用率不足 70%。同年钢铁行业由盈转亏,累计销售利润率 - 2.23%,同比下降 2.86 个百分点。2015 年钢铁行业上市公司年报及业绩预告显示,在已公布业绩的钢铁企业中 4 家亏损额在 40 亿元以上。从我国制造业的发展趋势来看,2004 ~ 2014年制造业固定资产投资增速一直维持在两位数以上,但在 2012 ~ 2014 年持续下降。2015 年 1 ~ 5 月国内制造业固定资产累计投资增速仅为 10.02%,远低于历史同期水平。2015 年全年国内制造业固定资产累计投资增速下降到 8.06%,结束了超过十年的两位数增长时代。进入 2017 年,国内制造业固定资产累计投资增速持续下降,同比增速仅为 7.2%,创 2004 年以来新低,增速持续放缓。

　　上述制造业的变化反映了目前我国经济增长方式以及产业结构的转型，特别是近几年我国经济增速明显放缓并且趋于稳定。注重经济发展质量、促进产业转型升级以及合理调整我国区域产业结构成为目前我国经济发展的首要任务，这也符合世界经济发展规律。近年来，我国生产要素成本特别是劳动力成本的上升是社会经济发展的必然结果。首先，从宏观层面来看，随着社会经济的不断发展，我国生产要素成本逐步上升，特别是劳动力、土地等成本的上涨压力逐步增大。除了劳动力供求因素影响外，也有体制和制度等人为因素加快了劳动力工资的上升，特别是低端劳动力成本的大幅上升，中国制造业工人的实际工资在中国经济腾飞的 20 年间平均每年增长近 12%。[①] 这预示着中国廉价劳动力的时代即将成为过去。从国际比较来看，虽然我国劳动力工资与英国、美国等发达国家还存在很大差距，但已经远远超过越南、印度尼西亚等南亚国家，这些国家在制造业成本方面具有优势，"中国制造" 开始逐步减少。这对中国来说既有好处，又有一定的风险，好处是 "中国制造" 的减少可能会带来 "依赖型经济" 的减少，逐渐激发国家自主创新，风险是 "中国制造" 的减少可能会对劳动力就业带来直接的负面影响。由上述内容可知，制造业是吸纳就业的主要产业之一，制造业的跨境转移将直接导致行业劳动力失业，特别是大量低端劳动力失业。其次，我国多种生产要素价格都接近拐点。随着城镇化进程的加快以及大规模货币的投放，2008 年以后，房地产市场逐渐盘活，土地价格出现了较大幅度的上涨，从而推高了实体经济产业的生产和商业成本，其中劳动力成本也开始逐步增长。"民工荒" 是劳动力成本上涨后带来的社会现象之一，我国低价劳动力无限供给的状

① 《中国告别廉价劳动力时代》，央视网，http://news.cntv.cn/20110628/101261.shtml。

况已经发生改变，这种改变是历史性的，是中国社会经济发展到一定阶段的必然结果。最后，受输入型通货膨胀的影响，我国生产要素价格上涨存在必然性。如之前所述，全球化是目前世界经济的总趋势，我国经济国际化的趋势从加入 WTO 那一刻起就已经存在。经过 10 多年的发展，中国对世界经济的依赖性逐渐加强，并且在世界经济中扮演越来越重要的角色。因此，世界经济的变化，特别是国外商品或者生产要素价格的上涨，将会直接影响我国商品以及生产要素价格的变化。由于政府规制以及市场经济的作用，我国外汇储备逐年增加，政策性金融债务也面临巨大的压力。同时，面对国际金融危机，与我国经济联系紧密的其他国家内部通货膨胀压力剧增，导致其消费品价格逐步增加，直接促使我国相关生产产品以及生产要素价格上涨。

由于上述劳动力成本以及相关生产要素价格上涨，加之面临"两高一低"（高污染、高耗能和低附加值）的困境，我国东部地区经济在短期内受到较大影响，不少企业对外出口面临需求大幅度降低，出口退税和财政补贴优惠政策取消以及各种反倾销等困难。另外，国内劳动力成本上升，人口红利正逐步减弱，企业发展的土地、环境成本不断提高，这使得东部庞大的制造业群体不得不开始进行产业转型升级。同时，大部分劳动以及资本密集型制造业不得不进行生产经营地点的重新选择，其中相当一部分企业为了寻求更为有利的生产经营地点，节约用工成本和生产成本，抢占市场先机，在西部大开发战略背景下，正逐步向中西部地区转移，由此拉开了我国产业转型升级的序幕。

四 产业转移在劳动力市场的表现

就业问题与国家社会经济发展密切相关，产业转移带来的劳动力市场的变化是其重要的社会以及经济效应之一。产业转移促进了产业结构调整，将区域优势产业的社会经济效应充分发挥出来，其中对劳动力就业的影响尤为显著。同时，劳动力市场与产业结构的配合也是经济协调发展的重要因素。产业转移在劳动力市场的表现主要以产业转出区域和产业承接区域为主。

（一）产业转移在转出区域劳动力市场的表现

从国际产业转移角度来看，产业转出区域主要指将部分制造业转移到其他发展中国家的发达国家。20 世纪 60~70 年代，发展中国家担心全球化会导致其贫困化和外围化，而发达国家则积极推动跨国贸易投资自由化。但进入 20 世纪 80 年代后，两类国家对全球化的态度发生了微妙的变化，一些发展中国家逐步认同、支持以及积极加入全球化，而发达国家则开始担心国际产业转移对其产生不利影响。这主要是因为全球化以及产业的逐步转移对发达国家的负面影响日益呈现。[1] 国际产业转移对发达国家最直接的负面影响是国内制造业岗位的流失，特别是中低端行业的就业岗位，资本替代劳动的经济现象越来越突出。图 1-3 显示了美国制造业 1970~2008 年就业人数的变化。从图 1-3 中可以看出，经过 30 年的变化，美国制造业在产量保持稳定的情况下，其国内制造业行业就业人员数量在 20 世纪 80 年代就已经开始逐渐下降，并且在 2008 年仅有 1686.9 万制造业就业人员，未来将会减少更多。在发达国家，低端劳动力只能转移到工作时间弹性化并且保障不稳定的低工资服务业部门。因此，发达国家的不稳定就业形态逐渐成为其社会发展的重要问题之一。

此外，经济合作与发展组织（OECD）在其 2007 年度就业展望

---

[1]　任志成：《国际产业转移的就业效应研究》，经济科学出版社，2011。

图 1 - 3　美国制造业 1970 ~ 2008 年就业人数变化

注：原统计表中有些年份数据缺失。

资料来源：国际劳工组织统计数据库中心，http://laborsta.ilo.org/STP/guest。

报告中指出，通过计算 1995 ~ 2005 年成员收入最高的 10% 和最低的 10% 的人群之间收入差距的变化，发现经济全球化使该组织成员劳工薪金差距扩大。近年来，OECD 持续关注收入差距问题，其在2018 年度就业展望报告中指出，与金融危机之前相比，工资增长仍然相当缓慢。截至 2017 年年底，OECD 成员的名义工资增长率仅为10 年前的一半：2007 年第二季度，当 OECD 成员的失业率平均值与现在大致相同时，平均名义工资增长率为 5.8%，而 2017 年第四季度仅为 3.2%。更令人担忧的是，工资增长停滞对低收入工人的影响要远远大于高收入工人。近年来，收入最高的 1% 人群的实际劳动收入增长速度远远快于全部工人的增长速度，这强化了一个长期存在的趋势。[①] 报告分析，收入差距扩大的主要原因是，各成员从新兴经济体进口的服装、日用品等廉价商品增加，部分生产向海外转移，导致本国（地区）低端劳动力被替代。同时，近年来有关美国工人现状的评论中，一直在强调收入的不平等，与技能更高的同

---

① 经合组织（OECD）：《2018 就业展望报告》。

行相比，低端劳动力的前景日渐暗淡。许多评论把焦点集中在产业转移上。国际产业转移一方面提高了高技能劳动力的收入，产业得到了转型升级，另一方面也破坏了原来劳动力市场的供求平衡，因为更多低端劳动力被资本替代或者其岗位被转移到海外。

从中国国内产业转出区的劳动力市场表现情况来看，中国地大物博，从改革开放之初，我国经济发展就呈现区域化，东部地区经济较为发达，其次为中部、西部地区。随着我国经济发展进入结构调整期，产业结构调整成为我国目前经济发展的首要任务，因此我国产业的"东移西接"工程从21世纪之初就已经开始。从发达区域来看，产业的转出将会带来产业的转型升级，促进高端产业的发展，达到"腾笼换鸟"的效果。在劳动力市场方面，与国际产业转移相一致，劳动密集型产业的转移将会带来一些低端就业岗位的流失，低端劳动力在发达地区的就业将会存在一定的风险，但与国际产业转移的区别是，我国劳动力流动在国内市场较为灵活，发达地区的产业转移带来的就业总量变化并不如国际产业转移对转出国家的作用明显。以深圳为例，深圳在30年时间里经历了两次成功的产业转型，现在正在进行第三次产业转型，实现了从改革开放前的一个边陲小镇到以高新技术产业、现代金融业、现代物流业和文化产业为支柱产业，以生物、互联网、新能源为战略新兴产业并逐步迈向现代化的国际先进城市的转变。从总量来看，截至2017年年底，通过广东省政府及地方政府各方面的推进，区域产业转移落地项目众多，产业转移园共引进珠三角发达地区各类工业企业约6000家，其中投产企业4300家，计划总投资额超万亿元，实现规模以上工业增加值3544亿元，全口径税收约430亿元，累计吸纳就业超过110万人，其中75%以上为本地劳动力。2010～2017年，广东省产业转移园规模以上工业增加值占粤东西北地区比重从12.9%提高到

31.9%，提高了 19 个百分点。分片区来看，粤东地区省级产业转移园规模以上工业增加值平均占比达到 21%，粤西地区省级产业转移园规模以上工业增加值平均占比达到 39%，粤北地区省级产业转移园规模以上工业增加值平均占比达到 46%，广东省产业转移园年均拉动粤东西北地区工业增加值增速 4.6 个百分点，在广东省产业转移园的带动下，粤东西北地区规模以上工业增加值平均增速18.3%，高于同期全省平均增速 7 个百分点。[①] 2008～2011 年是珠三角产业转移的重要发展时期，从珠三角六市向广东省内各市转移的规模以上企业实际投资额看，深圳转移量最多，达 687.9 亿元，占六市转移总量的 50.5%。从转移的规模以上企业数量看，深圳市转移量最多，达 433 家，占六市转移总量的 33.3%。但从深圳就业总量来看，深圳产业转型升级对深圳市的就业总量没有带来负向影响，就业总量基本保持稳定态势。2000 年第五次人口普查时深圳就业人口总量是 503.49 万人，占相应人口的比重为 78.5%。到 2010年第六次人口普查时，深圳市就业人口总量为 731.44 万人，比 2000年增加 227.95 万人，就业比重为 78.4%，只比 2000 年下降了 0.1 个百分点，就业率基本保持稳定。[②] 但这只是就业总量上的数据变化，其就业结构的变化以及劳动力技能的变化还需进一步研究和讨论。

（二）产业转移在承接区域的劳动力市场表现

从国际产业转移的角度来看，对于产业承接国来说，国际产业转移在其劳动力市场最为突出的表现是带来就业机会的增加以及劳动力市场结构的变化。对于发展中国家特别是 20 世纪 90 年代末的

---

① 翟豪：《产业转移对广东省区域经济差异的影响研究》，广东省社会科学院，2018。
② 莫荣：《我国产业转型升级对就业的影响——深圳调研报告》，国际劳工组织合作项目，2013，内部资料。

中国而言，其工业企业中拥有更大比例的雇佣工人，加之农村转移劳动力的大幅增加，使得中国的劳动力在当时处于无限供给的状态。因此，国际产业转移与贸易扩张的互动发展为中国的低技能劳动力提供了高就业率的可能，贸易投资一体化也成为发展中国家开放的普遍特征。同时，对于中国而言，承接国际产业转移促进了劳动力流动，加快了国内城镇化进程，提高了产业结构调整速度，增强了劳动力市场活力。从贸易形态上看，加工贸易是体现中国经济开放成长道路内在规律的关键现象。中国成为"世界工厂"带来的是加工贸易的繁荣，是制造业工人需求的猛增。2002~2003 年，中国实际上新增了 250 万个制造业工作岗位。[1] Robert C. Feenstra 和 Chang Hong 通过计量模型估计，1997~2002 年，中国出口贸易的增长带来每年 250 万就业岗位的增长，2000~2005 年贸易增长速度更快，其带来的就业岗位增长也同样更多。[2] 而印度承接的是软件信息等服务产业转移，获得了"世界办公室"的美誉，也使印度接听客户电话、处理远程计算机网络、处理发货单以及为来自全球的跨国公司编写软件等职业名扬海外。承接服务业产业在过去的十几年给印度劳动力市场提供了 130 万人以上的就业岗位。因此，从产业转移动态上可以看出，发展中国家承接产业转移使其劳动力市场结构得到重组，不仅将其潜在的比较优势转化为现实的比较优势（比如中国无限供给的劳动力），同时也使发展中国家的劳动力结构趋于优化，高素质、高技能劳动力需求逐渐增加。

从中国国内产业承接区域的劳动力市场表现来看，与国际产业转移相一致，中国国内中西部地区承接东部发达地区的产业转移，在其

---

① 〔美〕奥戴德·申卡尔：《中国的世纪》，金永红、奚玉芹译，中国人民大学出版社，2005。

② Robert C. Feenstra and Chang Hong, *National Bureau of Economic Researce*, 1050 Massachusetts Avenue, Cambridge, MA 02138, October, 2007.

劳动力市场直接表现为就业机会和劳动力需求的迅速增加。以成都为例，近年来，成都承接产业转移为成都创造了众多的就业岗位。2012年，成都人力资源市场持续保持需求大于供给的态势。2012年前三个季度的求人倍率分别为1.05、1.07、1.04。2009年、2010年、2011年，每年新增就业人员分别为25.03万人、23.26万人、16.09万人。成都引入富士康企业后，仅富士康成都厂区就容纳就业人员16万人。^① 但与国际产业转移不同的是国内区域产业转移更多的是产业结构的内部调整过程，即中西部地区通过承接产业转移来不断优化产业结构和劳动力市场结构，同时促进中国农村转移劳动力的合理流动，实现就近就业，为当地的产业结构调整提供充足、有效的劳动力供给。同样以成都为例，近十年来，成都积极出台各类做好承接产业转移的政策措施，引进了一大批产业带动作用大、附加值高、核心竞争力强的重大项目，具体包括一汽－大众三期扩能、中嘉沃尔沃整车、纬创笔记本电脑、中粮综合产业园、华为软件研发基地、东旭无极灯生产基地等。^② 其产业结构和就业结构不断优化，第二、三产业吸纳就业数量有所上升，第一产业产值比由2000年的10.1%下降到2017年的3.6%，下降幅度为64.4%；第二产业的产值比从2000年的36.5%上升到2017年的43.2%，增幅为18.4%；第三产业的产值比一直保持在49%~55%。同时，2007年成都市农村劳动力跨省劳务输出呈下降趋势，以年均4.12%的速度逐年减少，2009年保持在30万人左右，2011年首次降到30万人以下。^③

---

① 莫荣：《我国产业转型升级对就业的影响——成都调研报告》，国际劳工组织合作项目，2013，内部资料。

② 莫荣：《我国产业转型升级对就业的影响——成都调研报告》，国际劳工组织合作项目，2013，内部资料。

③ 莫荣：《我国产业转型升级对就业的影响——成都调研报告》，国际劳工组织合作项目，2013，内部资料。

与此同时，成都市已经成为西部重要的人口输入地。2016年全市外来人口规模超过300万人，其中外来农民工规模在220万人左右，形成了丰富的劳动力资源。

从上述内容可以看出，产业转移是目前我国提高经济发展质量以及调整产业结构的首要任务之一，其带来的经济效益，特别是对劳动力市场的影响将直接反过来影响产业结构调整的顺利进行。目前学术界关于产业结构与就业结构的研究不在少数，但很少有学者专门研究分析产业转移对劳动力就业的影响，他们更多的是对产业转移在就业总量上的宏观把握，没有对其进行深入的理论机制分析和就业结构变化探索。因此有必要在理论上弄清楚产业转移对劳动力就业的影响机制，同时在理论和实证上对劳动力就业进行深层次分析，探索产业转移在就业总量、就业结构、就业技能以及就业群体方面的效应。

第二节　研究意义

一　理论意义

第一，从学科理论意义上看，研究产业转移对就业的影响，建立产业转移对就业影响的一般机制模型，有利于从理论上判断我国产业转移在劳动力市场将会对就业产生什么样的影响。一方面，目前我国关于产业转移的研究理论较为丰富，但从经济学视角来研究我国产业转移带来的就业效应尚处于理论空白期，并没有形成一套比较完整的理论体系，一些相关理论框架也并未全面建立起来。本书的研究将会填补产业经济学与劳动经济学交叉领域的理论空白。另一方面，本书将明确研究对象，厘清产业转移、产业升级、产业结构调整等容易被混淆的概念，明确我国区域产业转移概念内涵，从理论和实证两个方面对产业转移对就业产生的影响进行理论推导和经验判断。

第二，从本书研究的理论意义上看，对于我国区域产业转移而言，需要从理论上回答的问题很多，比如，产业转移发生的根本理论因素是什么，经典理论中对产业转移的基本判断是什么，这两个问题是在理论上研究产业转移对就业影响的框架基础。又如，产业转移与就业的相互作用的理论依据是什么，具体影响路径是什么，区域产业转移是否引起了就业岗位的转移。在我国产业区域转移过程中，区域性劳动力市场在经验数据上的变化具体包括产业转移对就业总量、就业结构、劳动力本身的影响等。因此，厘清产业转移对就业影响的一般规律具有重要的理论价值，同时，除了关注区域产业转移的总体就业效应外，为了避免产业转移陷入"打工经济"，应将产业转移对劳动力技能的影响纳入其中，包括具体影响理论机制以及实证计量分析。因此研究区域产业转移的就业效应对我国产业转型升级具有重大的理论意义。

二 实践意义

一方面，"新常态"经济已经成为目前我国经济社会发展的主要目标，并且我国经济在经历长时间粗放型发展以后，经济发展质量日益需要提升，其中产业结构调整是产业合理化的重要手段。区域产业转移是我国产业持续发展的一个动态过程，也是中国经济发展面临的重大课题之一。因此，本书的研究内容既是产业经济学的研究重点，也是我国未来产业发展的研究基础。此外，人口与产业是经济发展过程中密不可分的两个要素，产业转移的过程直接影响产品生产方式，带来劳动力就业的变化，进而关系到整个社会的繁荣与稳定。因此，从国家层面来说，本书的研究具有重要的现实意义。

另一方面，就业难问题一直是我国重要的社会民生问题，伴随着国际产业转移，全球资本、技术和管理等要素向中国流动，中国国内的劳动力要素在东、中、西部之间流动，使我国劳动力资源和其他资源得到充分利用。但我国劳动力市场结构性矛盾突出，"民工荒"与大学生就业难现象并存，其都与产业转移具有紧密的联系。同时，目前我国正处于产业转型升级的关键时期，正确处理产业发展与就业的关系，特别是产业转移过程中劳动力市场的变化及劳动力自身的变化是目前我国需要解决的重大现实问题。这将有助于相关决策者在制定产业转移和就业政策时，从就业稳定和就业优先的角度制定出更为稳妥、实用以及完善的政策措施。

第三节　研究对象及概念界定

一　产业及其分类

"产业"的概念在我国古代的相关文献中就已经出现，但那时还不是作为一个经济学概念出现，而是与私人财产有关的一个社会概念。例如，《韩非子·解老》中提到"上内不用刑罚，而外不事利其产业，则民蕃息"；西汉辞赋家东方朔在《非有先生论》中提到"减后宫之费，损车马之用……以与贫民无产业者"；唐朝诗人李颀在《欲之新乡答崔颢綦毋潜》中也提到"数年作吏家屡空，谁道黑头成老翁。男儿在世无产业，行子出门如转蓬"。其中提到的

"产业"都指私人财产，如土地、房屋等。此外，在古代，"产业"被赋予其字面意思，即生产、集聚财产的事业。例如，《史记·苏秦列传》中提到"周人之俗，治产业、力工商，逐什二以为务"；《史记·孝武本纪》中提到"人皆以为不治产业而饶给，又不知其何所人，愈信，争事之"；东晋文学家袁宏在《后汉纪·章帝纪二》中提到"今边境幸无事宜，当修仁行义，尚于无为，令家给人足，各安产业"；清代学者秦笃辉在《平书·人事上》同样也提到"汉高不治产业而兴，光武好治稼穑而亦兴"。其中所述的"产业"都是指生产性的事业和活动。

西方文化进入中国市场，特别是中国经济发展步入正轨以后，"产业"作为经济学概念逐渐在社会各界普及。虽然产业经济学的发展使"产业"的概念在形成过程中逐渐成熟，但学术界关于具体市场经济中"产业"的概念仍有一定的争议。目前关于"产业"的概念界定较为模糊。一般认为"产业"是一个中观经济学概念，即位于宏观经济组织（主要指国民经济）和微观经济组织（主要指家庭、企业等个体）之间的经济学概念。[①] 从产业的具体定义来看，杨蕙馨等多数学者都认为"产业"是一个集合概念，即指生产、提供同一类产品或者服务的企业及经营单位的集合。[②] 此概念与戴维·皮尔斯在《现代经济学辞典》中对产业的定义基本一致，即产业指在完全竞争的市场内，生产同质产品的相互竞争的企业集群。他认为，在完全竞争的市场结构中，整个产业的供需明细情况可以由个别企业的供需明细表汇总体现出来，相反，在垄断市场内部，企业个体的供需即产业供需，企业与产

[①] 方甲：《产业结构问题研究》，中国人民大学出版社，1997；马子红：《中国区际产业转移与地方政府的政策选择》，人民出版社，2009，第 5 页。

[②] 杨蕙馨主编《产业组织理论》，经济科学出版社，2007，第 3 页。

业合为一体。

随着产业经济学以及我国社会经济的不断发展，学术界对"产业"的概念争议越来越大。许多学者从更宽泛的角度来定义"产业"。钟勇从产业生产实体的范围对"产业"概念进行了纠正，他认为原来的产业概念只是将其范畴限定在经济群体，把政府、社会福利机构等公共部门的经济贡献排除在外，但这些公共部门的非生产性劳动从降低交易成本的角度对经济社会发展具有重要的作用。钟勇在拓宽"产业"范畴的基础上认为只要生产的产品是社会所需要的，那么该生产实体就是对经济发展有积极作用的。因此，他提出，产业的范畴是那些可以满足人们需求的生产实体，而对社会有害的产品生产，如偷窃、抢劫等实体是不在产业范围之内的，因此可以将产业定义修改为从事社会所需产品生产的同类生产实体的集合。[①]《简明不列颠百科全书》从扩大产品范围的角度指出："产业"不仅指相互替代的产品的厂商之间的垄断竞争关系，而且泛指"各种制造或供应货物、劳务或收入来源的生产性企业或组织"。[②]此外，侯风云在总结上述两种观点的基础上，认为"产业"的定义还需要进一步明确"互补协作"的因素。她指出，"产业"内的市场竞争关系是同种产品厂商之间的垄断竞争，但对于相互关联的产品而言，其厂商之间主要是互补协作的关系。这种"互补协作"的方式主要指三方面：其一，通过市场作用形成的购买需求满足了厂商之间的相互需求；其二，产业集聚效应带来产业市场需求的提升；其三，通过一体化的方式完成相互关联服务或产品的互助协作。产业"互补协作"方式的选择主要取决于市场交易成本，即产

---

① 钟勇、夏庆丰：《产业概念辨析》，《生产力研究》2003 年第 1 期，第 185 页。
② 《简明不列颠百科全书》（第二册），中国大百科全书出版社，1985，第 228 页。

品与产品之间、产品与服务之间的市场关联度以及厂商需求和供给的稳定性。[①]

产业分类规则多种多样，且根据研究目的的不同其分类方法也多种多样。在早期工业革命时代，出于研究工业化及其发展阶段的需要，W. G. Hoffman 将产业划分为消费资料产业（包括食品工业、纺织工业、皮革工业和家具工业）、资本资料产业（冶金及金属材料工业、运输机械工业、一般机械工业和化学工业）和其他产业。出于现代经济研究目的的需要，西蒙·库兹涅茨将产业分为三类：农业，包括农业及相关的渔业、林业和狩猎；工业，包括采矿业、制造业、建筑业、水利水电、通信以及运输业；服务业，包括贸易、金融、商业、仆佣、政府以及专业人员等。[②] 我国统计部门在对产业进行划分时，以最新国家标准《国民经济行业分类与代码》（GB/T 4754 - 2011）为依据，根据产业的最终用途，将我国国民经济分为 20 个行业（见表 1 - 1）。其中第一产业包括农、林、牧、渔业（A）；第二产业包括采矿业（B），制造业（C），电力、热力、燃气及水生产和供应业（D），建筑业（E）；其他为第三产业。我国工业主要集中在制造业，包括农副食品加工业、纺织业等 31 个具体行业。我国产业和具体行业的划分是概念性的，并不能说其类别区分是明显并且毫无交集的。对某一产业来说，其并非固定地属于某一类型，而是具有交叉性，例如农业分为传统农业和现代农业，传统农业属于第一产业，主要以劳动密集型产业为主，而现代农业不仅属于第一产业，由于其存在资本以及技术密集型产业的特点，因此也跨属第二产业。

---

① 侯风云：《"产业"概念界定与自然垄断产业多元化基础》，《福建论坛》（人文社会科学版）2009 年第 4 期，第 107 页。

② 〔美〕西蒙·库兹涅茨：《各国的经济增长：总产值和生产结构》，常勋等译，商务印书馆，1985。

表 1-1　我国国民经济行业分类标准

A 农、林、牧、渔业	B 采矿业	C 制造业	D 电力、热力、燃气及水生产和供应业	E 建筑业
F 批发和零售业	G 交通运输、仓储和邮政业	H 住宿和餐饮业	I 信息传输、软件和信息技术服务业	J 金融业
K 房地产业	L 租赁和商务服务业	M 科学研究和技术服务业	N 水利、环境和公共设施管理业	O 居民服务、修理和其他服务业
P 教育	Q 卫生和社会工作	R 文化、体育和娱乐业	S 公共管理、社会保障和社会组织	T 国际组织

资料来源：国家统计局《产业划分标准》。

二　区域产业转移

从某种意义上说，人类经济社会的发展史就是一部产业演变史，从最早期的农、林、牧、渔业到初级工业，包括手工业等，再到工业革命，产业的规模化得到迅速提升，并且被逐渐细分。但是直到第二次世界大战结束以后，人们才逐渐开始关注产业演变规律，对其从萌芽、成长、成熟到衰退的理论以及时间规律进行深入摸索和分析。世界经济在战后得到前所未有的发展，经济全球化加强了世界各国的联系和交流，因此不同国家的产业开始不再局限于本国的发展，而是将利益范围扩大到其他国家，世界各国产业的更替以及国家内部区域产业互动现象日益频繁。产业在经济发展程度不同的国家以及地区之间的转移，不仅使欠发达国家或地区的经济得到发展和提升，也使发达国家或地区的产业结构和经济结构得到了转型升级。

基于上述宏观经济背景，产业转移是指根据资源或者要素禀赋的不同，某些产业从一个国家或地区转移到另一个国家或地区的经济行为和过程。[①]"产业转移"的概念在学术界认可度较高，但"区域产业转移"的概念在学者们之间差别较大。马子红将区域的概念定位在宏观产业自身发展方面，即区域产业转移指由于资源供给以及市场需求的变化等因素，根据要素比较优势原则，一些企业以直接投资、区域贸易等方式，将本企业的部分生产链或者企业整体从一个国家（地区）转移到另一个国家（地区）的过程。其概念涵盖了国际产业转移和国内产业转移，较为宽泛。[②]而芮明杰将国际产业转移和国内产业转移分开，国内产业转移即区域产业转移，指国家内部的某些产业根据区域之间的比较优势原则在不同地区之间进行重新调整布局的过程。[③]本书在运用区域产业转移的概念时更趋向于后者，将区域产业转移视为我国内部产业转移。本书在分析我国区域产业转移时，将研究范围界定在东部地区、中部地区以及西部地区的产业转移对劳动力就业的影响，因此本书所研究的区域产业转移主要是指由于要素或者资源禀赋以及产业需求条件的变化，某些产业从我国东部地区转移到中西部地区的行为和变动过程。本书在分析区域产业转移的就业效应之前需要对研究对象即我国区域概念进行划分。在国内外关于产业的研究中，区域的划分绝大多数依据本国的行政区域，这个方法简单、直观且有利于统计和数据的获取。因此本书按照统计年鉴以及全国区域划分标准将我国分为东、中、西三大区域（见表1-2）。

---

① 邓涛、刘红：《我国产业转移对经济增长与就业的影响分析》，《贵州商业高等专科学校学报》2010年第3期；马子红：《中国区际产业转移与地方政府的政策选择》，人民出版社，2009，第9页；芮明杰：《产业经济学》（第二版），上海财经大学出版社，2012，第111页。

② 马子红：《中国区际产业转移与地方政府的政策选择》，人民出版社，2009，第9页。

③ 芮明杰：《产业经济学》（第二版），上海财经大学出版社，2012，第111页。

表 1-2 我国三大地区的行政划分

区 域	省 份	代 号	区 域	省 份	代 号
东部地区	北 京	BJ	中部地区	河 南	HEN
	天 津	TJ		湖 北	HUB
	河 北	HEB		湖 南	HUN
	辽 宁	LN	西部地区	四 川	SC
	上 海	SH		重 庆	CQ
	江 苏	JS		贵 州	GZ
	浙 江	ZJ		云 南	YN
	福 建	FJ		西 藏	XZ
	广 东	GD		陕 西	SHX
	山 东	SD		甘 肃	GS
	海 南	HAN		青 海	QH
中部地区	山 西	SX		宁 夏	NX
	吉 林	JL		新 疆	XJ
	黑龙江	HLJ		广 西	GX
	安 徽	AH		内蒙古	NMG
	江 西	JX			

注：根据国家统计局关于我国行政区域划分标准自行整理。

区域产业转移，其实质是产业集聚和分散的过程，即以企业为载体，与一定产业相关的企业和要素向具有比较优势的地区集聚，有力推动产业结构合理分布，促进当地经济发展，提高整体经济发展质量。当地区产业的集聚超过一定的合理规模时，由于劳动力成本、土地、资本、技术等因素的限制，其产业经济会出现"规模不经济"的趋势，产业则会进行扩散，向其他具有比较优势的地区进行重新集聚。关于产业集聚和分散的研究最早见于德国经济学家阿尔弗雷德·韦伯在1909年出版的《工业区位论》中对工业集聚因素和分散因素的分析。韦伯指出，产业的集聚因素是产业市场集聚化发展的优势因素，它会带来生产集中的廉价，而分散因素是产业分散化的生产带来的市场廉价。① 其利用产业集聚和分散因素的相互作用，首次建立了有关集聚和分散的一套规则和概念。他认为，除了区域要素（运输成本和劳动力成本）之外，影响工业地方性累积和分布的所有其他要素应统统归入集聚要素和分散要素之中。因此，产业的区域转移实质是其集聚要素和分散要素相互作用的结果，其目的是使产业生产更有优势。

三 产业升级

"产业升级"的概念在学术界一直被引用和研究，但其内涵并没有明确地被界定，因为当对"产业结构升级""产业升级""产业转型升级"等概念进行选择时，多数学者都统一用"产业升级"来描述和统筹，并没有深入探讨这些概念之间的具体区别，导致概念混用。实则不然。

吴丰华等指出产业升级包括四种含义：一是第一、二、三产业的梯度转移；二是国民经济各产业部门的转型升级，具体包括高加工度化、重化工业化、生产要素集聚化等；三是行业（产品）结构升级；四是同一产业内部企业升级。② 但吴丰华关于产业升级的界定过于宏观与宽泛，并且将产业结构调整的概念即第一、二、三产业的依次转移混于其中，因此其界定并不完全准确。多数学者包括波特、刘志彪等更多的是从资源禀赋、比较优势来对"产业升级"进行界定。他们指出，产业升级是产业从低技术水平、低附加值状

① 〔德〕阿尔弗雷德·韦伯：《工业区位论》，李刚剑、陈志人、张英保译，商务印书馆，2009，第 132~135 页。

② 吴丰华、刘瑞明：《产业升级与自主创新能力构建——基于中国省际面板数据的突证研究》，《中国工业经济》2013 年第 5 期，第 57 页。

态向高技术水平、高附加值状态演变的过程与趋势。他们认为，一个国家在不同的发展阶段所拥有的资源禀赋是不同的，因此不同阶段的比较优势会带来产业的不断升级和变化。在不发达阶段，土地、原材料、水等自然资源要素价格较低，低端的生产要素供给较为丰富，农业开始向低端工业转变，产业升级效果初显；随着工业经济的不断发展，低端生产要素以及自然资源要素价格不断攀升，并且高端工业需求越来越大，同时高端生产要素的供给成为比较优势，因此在成本最小化和利润最大化的驱动下，各类产业企业不断调整生产要素投入比例，进而推动产业内部组织、技术、产品的升级。① 以上是国内外学者从资源禀赋的角度对产业升级的内涵下的定义，研究视角较为宽泛。而朱卫平等学者则从相对微观的视角对产业升级的内涵进行了深入分析。他们指出，根据要素市场供给曲线与需求曲线的阶段性变化，由于要素供给存在稀缺性，如果不对要素投入比例进行调整，则要素价格会持续升高，"资源壁垒"会制约企业的生产和发展，因此企业不得不升级技术、组织以及生产方式，将要素稀缺、生产成本较高的落后产业淘汰，进而转型为高新技术产业②，其中的中心思想即产业升级是市场竞争的结果。

本书根据国内外学者对"产业升级"的概念研究进行综合整理后认为："产业升级"是一种"关联性"概念，即它与产业结构调整、产业转移等概念具有相关性，但其自身又具有特殊性。本书认为产业升级具有广义和狭义之分，广义的产业升级不论在要素资源

① 〔美〕迈克尔·波特：《国家竞争优势》，李明轩、邱如美译，华夏出版社，2002，第 60 ~ 72 页；刘志彪：《产业升级的发展效应及其动因分析》，《南京师大学报》（社会科学版）2002 年第 2 期，第 3 ~ 10 页。

② 朱卫平、陈林：《产业升级的内涵与模式研究——以广东产业升级为例》，《经济学家》2011 年第 2 期，第 61 ~ 62 页。

禀赋还是在宏观经济框架下都是指产业结构由低往高发展的动态过程，其中包括部分产业转移、三次产业的结构升级等；而狭义的产业升级指产业、部门内部的生产技术性升级，又可称为产业技术升级，这里的技术升级就是指将科技成果应用于生产设备和工艺技术的更新改造，使新设备、新技术、新工艺、新流程取代过去的老设备、老技术、老工艺、老流程，使生产手段更加现代化、生产过程更加合理化，最终推动产业生产效益的提高乃至社会生产力的发展。很明显，产业技术升级将侧重点落在科技进步上，也就是劳动生产率的提升问题上。

四　产业结构调整、产业升级与产业转移的关系

产业结构是指产业体系内产业的联系与联系方式、产业间的比例关系等。[①] 因此产业结构调整是产业间比例与联系方式调整的一个动态过程。根据上述关于产业、产业转移、产业升级的概念界定，本书认为产业转移、广义的产业升级都是产业结构调整的动态过程，其转移和升级的过程即产业间第一、二、三次产业比例的重新调整。关于产业结构调整、产业升级、产业转移的动态关系可以用图1-4来表示。

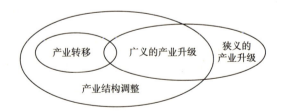

图1-4　产业结构调整、产业升级、产业转移的动态关系
注：笔者根据产业转移、产业升级、产业结构调整等概念制图。

---

① 芮明杰：《产业经济学》（第二版），上海财经大学出版社，2012，第90页。

从图 1 - 4 可以看出，产业结构调整与产业转移是包含与被包含关系，而产业结构调整只与广义的产业升级部分有包含与被包含的关系，而狭义的产业升级更多的是产业部门内部的技术性升级，同时产业转移与产业升级在概念结构上会有一定的交叉，即产业转移同时在一定程度上是指在产业结构调整的基础上进行产业升级。

五 就业效应

就业效应即指相关就业影响因素在特定条件下对就业本身产生的影响效果，但并没有学者专门对就业效应的概念内涵进行界定，因为就业效应本身从字面上理解是指相关因素对就业的影响程度，并且根据研究内容的不同，就业效应的内涵也不尽一致，所以，对就业效应的概念界定应根据研究内容来确定具体对就业的哪些方面进行影响。

本书主要研究我国区域产业转移在劳动力市场中的就业影响效果，产业转移的就业效应即本书的研究重点和主要难点内容，因此对就业效应的概念进行界定并不是对其进行学术概念界定，而是明确本书的研究对象，依据本书的研究内容和研究框架来对产业转移的就业效应进行概念界定，为后文的研究做铺垫。在文献研究方面，在中国知网的"高级检索"中对"就业效应"进行篇名检索，1979 ~ 2015年关于"就业效应"的文献总共有 679 篇，其中 2011 年和 2013 年的研究文献数量最高，分别为 94 篇和 88 篇，但就其研究内容来看，多数文献的"就业效应"以就业数量研究为主，即就业效应更多地体现在从不同研究角度对就业数量的变化进行影响性分析，而且在研究方法上以定量研究为主，从实证角度来判断就业效应的变化。

本书对就业效应的分析存在一定的特殊性。我国区域产业转移是目前我国经济结构调整以及产业发展的重要内容之一，其带来的社会效应是产业经济学、经济学、社会学以及劳动经济学等多个学科所关注的重要课题内容，特别是我国民生问题需要多学科交叉来进行分析研究。产业转移带来的劳动力市场变化主要体现在劳动力就业方面，并且不仅表现在就业数量的变化上，而且体现在就业结构、就业技能等方面的变化上。首先，在经济学理论中，资本与劳动力是生产函数中主要的生产要素指标，产业资本的转移必然会带来劳动力数量的变化，承接产业地区与产业转移（转出）地区由于产业资本量的变化，劳动力数量也会发生相应的改变；其次，由上述内容可知产业转移是产业结构调整的内容之一，因此三次产业结构的调整必然会影响三次产业就业人数的变化，导致区域就业结构发生改变；最后，产业转移一方面是落后产业、劳动密集型产业的转移，另一方面是高新技术产业以及高技能人才需求产业的更新换代，因此产业转移必然会带来技术的转移与升级，其过程对劳动力的影响主要体现在劳动力就业技能需求的变化，即高、低技能劳动力的结构变化以及劳动生产率的变化，其研究的目的主要是避免产业转移带来"打工经济"的负面影响。

根据本书的研究对象和研究内容，对就业效应做如下概念界定：我国区域产业转移过程对就业总量、就业结构、劳动力就业技能的影响。

第四节　技术路线与研究内容

一　研究技术路线与逻辑关系

如上所述，本书的研究对象是我国区域产业转移带来的就业效应，因此本书的研究内容主要是区域产业转移的理论与内涵、区域

产业转移对就业影响的一般理论机制、区域产业转移的就业效应在
对就业总量、就业结构、劳动力就业技能的影响方面的实证验证以
及根据就业效应结果提出的对策建议。本书研究的技术路线如图
1－5所示。其中从技术路线中可以看出，本书的基本逻辑关系是以
理论分析为主，以用数据经验进行实证验证为辅。理论分析主要是
厘清我国区域产业转移发生的影响因素、主要模式，以产业转移发
生机制和主要模式为基础，通过经济学模型、理论推导等研究方法

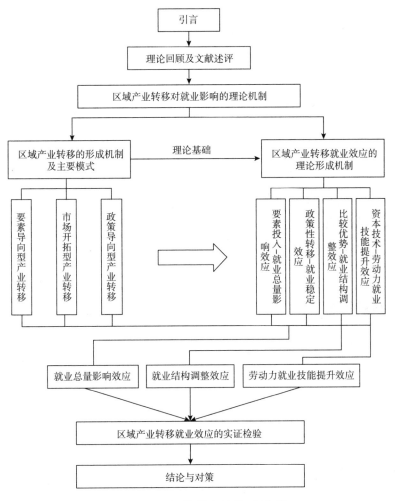

图1－5 本书研究的技术路线

分析我国区域产业转移在理论上是如何影响就业的，包括其影响机制和影响程度。在对理论进行实证分析时，主要通过我国国家统计局公布的宏观经济数据对我国区域产业转移产生的就业效应进行实际验证，分析目前我国产业转移产生的就业效应主要体现在哪些方面，影响程度如何，判断未来我国产业转移在就业总量、就业结构以及劳动力就业技能方面影响的趋势。

二　研究的主要内容

根据图1-5的技术路线和逻辑关系，本书主要从以下六章展开研究。

第一章，引言。本章从问题的提出、研究意义、研究内容、研究目的、研究方法、研究的创新性努力等方面对本书的研究框架以及研究过程进行整体描述和解释。

第二章，理论回顾及文献述评。本章主要对产业转移、产业转移与就业等相关研究文献进行回顾与述评，同时对产业经济学、劳动经济学中关于产业转移、就业的理论基础和框架进行梳理，从不同角度对目前以及未来关于产业转移对劳动力就业影响研究的内容和已有成果进行评析，找出研究空白和本书的研究重点。

第三章，区域产业转移对就业影响的理论机制。本章主要探讨区域产业转移本身以及其对就业影响的具体机制，以理论模型分析为主。综合分析产业区域转移的理论机制以及主要模式。客观分析产业转移的经济学原因，包括市场性原因、环境性原因以及政策性原因，推导出产业转移的具体模式。由于产业转移模式不同，其对劳动力市场就业产生的影响也会存在一定的差异，区域产业转移影响就业的理论路径是本章研究的重点内容，也是本书的主要研究内容。

第四章，区域产业转移就业效应的实证检验。本章内容主要是对上述理论分析的实证验证。本章主要通过选取我国 2001～2015 年规模以上工业增加值比例、城镇就业人员数、第一产业就业人员比例以及不同受教育程度的就业人员数分别作为产业转移、就业总量、就业结构以及劳动力就业技能的衡量指标，建立面板数据多元回归模型，对我国区域产业转移的就业效应进行定量衡量，并且进行显著性检验，目的是通过实证验证我国区域产业转移对就业总量、就业结构以及劳动力就业技能是否产生一定的影响，影响程度如何，并分析我国区域产业转移对劳动力市场产生的影响，得出相应结论。

第五章，基于区域产业转移对就业影响的政策建议。在本书理论与实证研究结论的基础上，分别从全国、东部地区、中部地区、西部地区四个层面提出产业转移中促进就业的政策建议。

第六章，结论与研究展望。对全书研究成果进行总结，并归纳研究中的不足，提出未来需要进一步探讨和研究的问题。

第五节　研究目的

本书的研究目的主要是通过对区域产业转移的相关理论以及我国目前产业发展现状进行分析，探索我国区域产业转移的理论发展模式，深入分析不同区域产业转移模式对我国就业的影响机制，建立一套符合我国经济发展特点的区域产业转移就业效应的理论体系。在理论机制分析的基础上，为了验证理论假设的正确性以及判断我国目前区域产业转移对就业的影响程度，本书将建立包含产业转移相关衡量变量与劳动就业总量、就业结构以及劳动力就业技能相关变量的面板数据多元回归模型，辅之以数据实证分析和检验，判断我国区域产业转移影响下的劳动力就业变化趋势，结合理论分析和实证估计结果，为政府制定相关产业和就业政策提供必要的决策咨询。

第六节　研究方法

研究方法是学术研究过程中最重要的工具之一，其主旨是以特定的模式或者行为方式来发现客观事物的新规律或者新理论，以揭示研究对象的内在价值及规律。不同的研究方法会运用不同的思维方式和工具去挖掘深层次的信息和要素，并且这些研究方法是人们不断从历史经验以及大量的研究过程中总结出来的，具有客观性和科学性。但由于研究目的以及研究对象不同，研究过程中要深思熟虑，仔细甄别每种研究方法对研究产生的不同结果，选择合适的研究方法，以达到发现问题、解决问题的目的。

本书的主要研究对象为我国区域产业转移的就业效应，研究目的是建立一套我国区域产业转移对就业影响的一般理论体系，同时对我国区域产业转移的就业效应进行数据验证。在此基础上，根据本书研究内容和技术路线的需要，本书采用的研究方法包括以下几种。

一　文献研究法

文献研究法是学术研究的基本方法，也是一切研究方法的基础。开始一项学术研究，首先需要搜集与该研究相关的所有文献资料，其主要目的有二：一是通过搜集相关学术资料，厘清研究内容的理论基础和框架，建立研究的理论体系；二是针对研究过程中出现的争议性问题，合理选择论证依据，使问题更加明确，同时在具有科学性、完整性的论证依据基础上进一步发现问题和解决问题。本书通过对国内外相关文献和研究成果的查阅和分析，对产业转移和就业相关理论、产业转移现状及未来发展趋势、就业技能提升、就业结构等相关成果进行研究。一方面，通过梳理和归纳，总结国内外产业转移的理论流派；另一方面，通过对迄今为止我国所有关于"产业转移与就业"研究的文献进行数据统计，梳理与评论该问题的研究进展。通过搜集产业转移以及其影响因素、发生模式的相关学术资料，我们发现本书需要解决的问题是厘清我国区域产业转移对就业的影响机制，并用数据进行实证检验。

二　经济学模型方法

经济学模型方法指运用经济学的相关模型和思维定式去分析整个研究过程中出现的问题并对研究结果进行解释，其主要是通过相关理论模型，将复杂的经济现象抽象化，运用"应该是什么"的思维方法来解释该经济现象的发生机制。本书主要研究我国区域产业转移对就业影响的理论机制，需要运用经济学的理论模型来对其进行解释和说明。因此，本书在研究我国区域产业转移就业效应时，采用经济学模型方法，通过构建多种经济学理论模型来诠释我国区域产业转移对就业总量、就业结构以及劳动力就业技能的影响机制。这些经济模型有些通过文字来阐述，也有些通过数学形式或几何图形来表达。通过经济学模型方法，本书最终得出了我国区域产业转移就业效应在理论机制方面"应该是什么"。

三　实证研究方法

实证研究方法指在理论分析的基础上，对研究过程中所得出的研究假设、理论分析结果或者理论价值，通过经验数据进行实际验证的过程。实证研究方法主要从实证的角度来解决该研究结果"是什么"的问题，主要是针对之前提出来的理论分析结果以及得出的研究假设进行实际验证。本书在整体研究方法上采用的是规范分析和实证分析相结合的方法。规范分析主要是运用文献研究、经济学模型方法对我国区域产业转移的就业效应进行理论分析，通过产业转移对就业影响的机制来判断我国区域产业转移到底产生了什么样的效应。在规范分析的基础上，运用实证研究方法对该影响机制以及我国区域产业转移对就业影响的具体程度进行经验数据的实际验证，告诉读者中国产业转移对劳动力就业影响的客观状态是什么样的，解决我国区域产业转移的就业效应"是什么"的问题，即客观、科学地描述事物本来的面貌。本书主要通过搜集、整理有关产业区域转移和就业的数据指标，选取 2001～2015 年我国 31 个省、自治区、直辖市的面板数据，建立面板数据多元回归模型，对我国区域产业转移对就业影响的理论机制进行实证验证。

第七节　研究的创新性

一　交叉学科的理论突破与创新

第一，目前关于我国产业转移的研究较为丰富，但关于区域产业转移的就业效应的研究较为分散，更多集中在以宏观数据为基础的产业转移对整体就业量的影响变化，缺少权威的产业转移就业效应的研究结论，既无法对现实情况做出解释，也难以指导实践工作的开展。本课题尝试运用计量、理论模型等方法分析产业转移对就业的具体影响，不仅包括产业转移的整体就业效应，而且包括其对就业结构、劳动力就业技能的影响，将就业效应的研究视角层层拓宽。在理论上，基于韦伯、小岛清等学者对产业转移研究的经典理论，运用相关理论模型分析方法，分别对区域产业转移在就业总量、就业结构以及劳动力就业技能方面的影响机制进行理论分析，在一定程度上弥补了现有研究理论的不足。以区域产业转移理论为基础，通过对产业转移在不同模式下对就业不同维度的影响进行分析，建立了一套符合我国经济发展特色的区域产业转移就业效应的一般理论模型，分别从要素投入－就业总量影响效应、比较优势－就业结构调整效应、资本技术－劳动力就业技能提升效应、政策性转移－就业稳定效应四个角度来探索我国区域产业转移就业效应的影响机制。

第二，将产业经济学与劳动经济学的主要理论相结合，建立产业转移与就业相关性的理论框架和基础，使产业转移的就业效应研究范围更加全面，突破以往只集中在劳动力就业数量的研究范围，对产业转移的就业效应进行更加深入的分析，尤其是针对产业转移可能出现的负面效应，比如"打工经济""就业挤出效应"等进行了深入的理论和实证分析。

二 实证验证多维度突破与创新

目前已有研究大都是对产业转移或者产业升级下就业数量变化的实证分析，缺乏全国范围内产业转移对就业总量、就业结构以及劳动力就业技能的影响等多维度的数据支持。本书基于产业转移的三类模式分别分析其对就业总量、就业结构以及劳动力就业技能影响的理论机制，并选择国家统计局对工业制造业、就业相关指标的宏观调查数据和合适的定量指标，在全国31个省、自治区、直辖市的范围内对我国区域产业转移的就业效应进行实证分析，在"就业效应"的实证分析中分别建立了产业转移－就业总量影响效应、产业转移－就业结构调整效应、产业转移－劳动力就业技能提升效应的计量分析模型，从多角度对产业转移产生的就业效应进行实证分析，分别验证了我国东部地区、中部地区、西部地区在产业转移过程中的就业总量、就业结构以及劳动力就业技能的变化趋势。

三　提出了较有新意的政策参考

目前，在有关产业转移的就业效应的研究成果中，由于分析角度和研究方法的不足，所提出的政策建议或过于虚化，或落入俗套，并不能真正解决实际问题。另外，其提出的具体对策措施，也往往由于缺乏实证研究的支持而显得无根无据，政策的可行性和有效性均有待检验，难以被采纳。本研究所提的对策建议建立在全面、充分的数据分析和理论模型研究的基础上，更加贴近现实，更加全面完整，可行性和针对性更高，并且逻辑性更强，因此更有参考价值。同时，由于定量研究的扎实基础，本研究也针对发现的一些新问题提出了一些新对策。

第二章　理论回顾及文献述评

第一节　国外相关理论研究综述

一　产业发展与结构调整理论

在产业发展与结构调整方面，国外比较著名的理论包括以下几种。

配第－克拉克定理对收入与劳动力流动之间的关系进行了研究，运用计量等方法研究了不同收入水平下三次产业就业人口的分布和变动趋势。该定理是产业发展以及产业结构调整基本遵循的经典理论，即随着人均收入的提高，劳动力首先会由第一产业向第二产业转移，当人均国民收入进一步提高时，劳动力会进一步从第二产业向第三产业转移。

库兹涅茨法则进一步阐明产业结构变动中三次产业产值与就业的变化规律。库兹涅茨认为，三次产业产值与三次产业劳动力就业的变化规律存在一定的差别。即随着社会经济的不断发展，农业部门的产值比重和其劳动力就业比重都处于不断下降状态；工业部门的产值占三次产业产值的比重总体上是上升的，但工业部门的劳动力就业比重则略有上升或者整体不变；而服务部门的产值比重和劳动力就业比重基本上都是上升的。

钱纳里标准产业结构模型揭示了低收入国家不同经济发展阶段产业结构变化的标准模式，提出产业结构的调整和变化是国家从当前发展阶段向更高发展阶段跃进的主要推动因素。其中，工业部门是国家经济发展的主导部门，从不发达经济到成熟工业经济经历了三个阶段（重化工业化、加工高度化和技术集约化）、六个时期（不发达经济、工业化初期、工业化中期、工业化后期、工业化社会和现代化社会）。

刘易斯二元经济结构理论认为工业化带动城市化是经济发展的主要过程，当经济发展到一定程度时，差异悬殊的二元经济结构就转化为一体化，进入现代经济增长过程。托达罗城乡劳动力转移模型认为，农村劳动力向城市流动的决策，是根据"预期"收入最大化目标做出的。

钱纳里-塞尔奎因就业结构转换滞后理论指出，工业化程度不同的国家，就业结构转换滞后产业结构的程度也不同，即在发达国家的工业化过程中，随着其工业产值的不断提高，就业人口从农业向工业转移的步伐基本与产业结构调整一致，但在相对落后的国家或者工业化程度较低的国家，就业结构转换滞后于产业结构调整的程度较大。

佩鲁增长极理论认为，在区域经济中存在均衡和非均衡两种发展模式。主导部门集中而优先增长的地区是增长极，当增长极形成以后会通过集聚效应形成极化作用，即通过市场经济的作用最大限度地吸引周围的生产要素聚集在该增长极，使周围区域成为极化区域。极化区域的发展会使增长极的经济效应进一步增强，辐射作用扩散到周边区域，从而带动其他区域的产业经济增长。增长极的带动作用如果足够强大，会改变国民经济的全部结构。

二 产业梯度转移理论

从世界经济发展历史来看，由于区域的资源禀赋条件、经济体制、文化等不同，不同国家（或地区）在经济发展水平上会存在梯度差。当全球或国家内部产业分工体系开始调整时，会出现相关产业的生产要素由高梯度地区向低梯度地区扩散与转移的趋势。此时，处于高梯度的国家（或地区）会科学合理地确定自身产业的升级方向，并将淘汰的产业向生产要素优势集中的国家（或地区）进行转移；处于低梯度的国家（或地区）则会根据自身的产业基础、资源禀赋、环境容量、配套能力等现实条件，承接相应的外移产业。这种产业梯度转移不仅可以将生产要素由较发达地区向欠发达地区转移，还可以促进产业合理布局，缩小地区差距，协调区域发展，从而推动国家经济发展。

（一）产业转移的比较优势流派

产业转移问题的最初研究是围绕国际产业转移展开的，即由于国家之间彼此存在不同的比较优势，因此产业会在比较优势的作用机制下在国家之间进行转移。日本学者赤松要提出了"雁形理论"，即当投资区某些产业失去比较优势后，资本将自发转移到需要更少成本和能获得更大利润的地区，于是出现了产业从发达国家向发展中国家的转移。[①] 产业转移一般包括两个层次，即国家层次的产业梯度转移和区域层次的产业梯度转移。前者超越了国家经济和地理的边界，主要形式是经济欠发达的低梯度国家通过承接由经济发达的高梯度国家转移过来的产业来实现国家经济的"崛起"或"起飞"。也就是说后起的国家可以利用后发优势，通过"进口→当地

---

① 王乐平：《赤松要及其经济理论》，《日本学刊》1990 年第 3 期，第 119~129 页。

生产→开拓出口→出口增长"四个连续阶段来加快本国工业化进程。后者则主要发生在国家经济和地理边界内部,主要形式是不同区域的产业基于产业分工的原则,通过梯度顺序转移来实现区域经济协调发展。在赤松要的"雁形理论"的基础上,小岛清根据日本企业对外直接投资的实践,在比较优势原理基础上提出边际产业扩张论,对"雁形理论"进行了完善和补充。该理论从比较劣势的角度提出产业转移的动机是回避产业劣势,发挥潜在比较优势。本国中存在比较劣势的产业被称为"边际产业",因此产业转移的实质是这些边际产业在其他国家寻求比较优势发展的过程。①

(二) 产业集聚的新地理经济学流派

产业转移问题是产业经济学的主要研究内容,同时也是地理经济学的研究范畴。韦伯的工业区位论是最早研究产业区域转移分布的地理经济学理论。韦伯认为生产成本是决定工业区位选择的重要因素,而劳动力成本、运费、原料与燃料、地区、固定资产折旧、市场等是影响生产成本费用的主要因素,但具有决定性作用的因素是劳动力成本、运输成本以及市场因素。②

随着地理经济学研究的不断深入,基于产业集聚的新地理经济学是目前比较流行的解释产业跨区域转移的理论流派。其中具有代表性的理论是克鲁格曼的地理集聚中心—外围模型 (Core-Periphery-structure,简称 CP)。③ "CP 模型"引入了规模经济和不完全竞争因

---

① 〔日〕小岛清:《对外贸易论》,周宝廉译,南开大学出版社,1984,第 180~188 页。

② 〔德〕阿尔弗雷德·韦伯:《工业区位论》,李刚剑、陈志人、张英保译,商务印书馆,2009,第 15~32 页。

③ Paul Krugman, "Increasing Returns and Economic Geography," *Journal of Political Geography*, 1991 (9): 183 – 199.

素，其认为向心力和离心力的综合作用是制造业聚集在某一区位的主要因素，而运输成本、制造业部门的规模以及消费者对产品多样化的偏好程度是三个关键的影响因素。产业的集聚效应伴随着产业大规模的转移，其具有强大的向心力进而吸引更多的产业转移到该地。

新地理经济学对产业转移的研究的实质是对产业集聚的研究，产业集聚会带来集聚效应，降低生产成本，形成规模经济，从而吸引更多的外部产业转移进来，或者减少内部的产业转出。同时，产业集聚到一定程度以后，会出现产业集聚的边际效应递减，最终导致聚集效应的不经济，又会造成产业转移到新的集聚区。产业集聚动因更多的是解释一个国家的区域产业转移。

（三）微观视角的企业迁移理论流派

产业转移的主要表现形式为企业的地理迁移。因此基于微观视角的企业迁移理论研究也是产业转移研究的重要角度。企业迁移研究中最具有代表性的理论是邓宁提出的国际生产折中理论和国际生产综合理论，其核心是"三优势模式"，即产业组织决定的所有权优势、要素禀赋结构决定的区位优势、交易成本决定的内部化优势，此"三优势"是企业进行区域投资以及迁移的主要因素。① 此外，其他学者也对企业迁移理论进行了深入的研究和探索。Pellenbarg 指出市场发展规模、交通运输问题以及劳动力市场等是企业迁移的主要影响因素，其中市场发展规模和交通运输问题是企业进行城市周边近距离迁移的主要影响因素，而劳动力成本以及劳动力供

---

① John H. Dunning, "The Eclectic Paradigm of International Production: A Restatement and Some Possible Extensions," *Journal of International Business Studies*, 1988 (1): 1 – 31.

需是企业向其他区域进行远距离迁移的主要动力。[1] Brouwer 等通过对 21 个国家企业迁移行为的研究指出，企业规模越大、成长寿命越长，企业迁移的动机越小，因为规模较大的企业迁移成本较高，且寿命较长的企业更加依赖于当地的产品市场以及劳动力市场资源。[2] Van Vilsteren 等的研究指出，经济各类部门所表现出来的企业迁移模式存在不同，农业、零售、餐饮等行业的企业迁移动机小，具有区位黏性，而建筑、交通、批发等行业的企业迁移意愿更强烈。[3]

三　产业生命周期理论

产业生命周期理论源于市场营销学中的产品生命周期理论，是 20 世纪 80 年代后才逐步兴起的。该理论流派认为产业也如同生命体一样，具有生命周期，也要经历形成期、成长期、成熟期和衰退期。

(一) 弗农的产品生命周期理论

最早提出工业生产的产品生命周期理论的学者是美国哈佛大学教授雷蒙德·弗农。弗农将产品生命周期分为三个阶段，即创新阶段、成熟阶段和标准化阶段。在第一阶段，由于新产品的生产技术具有垄断性，因此产品需求不受价格限制，生产地的选择也不受生产成本限制，此时的产品生产主要在国内进行，通过出口来满足国外的产品需求；在第二阶段，产品生产技术逐渐成熟，市场上的产

---

[1] P. H. Pellenbarg, L. J. G. van Wissen, and J. van Dijk, "Firm Relocation: State of the Art and Research Prospects," SOM Research Report 02D31, 2002 (11): 13 – 50.

[2] A. E. Brouwer, I. Mariotti and J. N. van Ommeren, "The Firm Relocation Decision: An Empirical Investigation," *Annals of Regional Science*, 2004 (2): 335 – 347.

[3] Van Vilsteren and Egbert Wever, "Borders and Economic Behaviors in Europe: A Geographical Approach," Koninklijke Van Gorcum, 2005, pp. 45 – 108.

品竞争者越来越多，因此成本大小成为市场竞争的重要因素，此时企业开始进行对外投资，通过建立子公司或者分公司的方式，选择技术水平与本国相似但劳动力成本低于本国的国家进行产品生产；到了第三阶段，产品生产技术已经普及，本国的该产品竞争优势逐渐弱化，此时将生产转移到其他国家进行标准化的批量生产即可，本国则放弃该产品的研发和生产，开始新一轮的产品生命周期循环。①

（二）阿伯纳西和厄特拜克的产品生命周期理论（A－U模型）

美国哈佛大学的阿伯纳西（N. Abernathy）和麻省理工学院的厄特拜克（Jame M. Utterback）提出了基于技术创新的产品生命周期理论。他们根据产出增长率将产品生命周期也划分为三个阶段，即不稳定阶段、转换阶段和稳定阶段。在不稳定阶段，新技术具有不稳定性，产品生产差异性较大；在转换阶段，技术趋于稳定，生产的主导产品逐渐被清晰定义，因此该产品开始进行大批量生产，生产工艺得到变革；在稳定阶段，产品生产技术已经成熟，产品生产也开始标准化，生产流程更为自动化、专业化。A－U模型解释了以产品变化为中心的创新分布，已经开始向产业生命周期理论方向发展。②

（三）有关产业衰退期的理论

产业衰退期是产业生命周期的最后一个阶段。产业发展进入衰

---

① Raymond Vernon, "International Investment and International Trade in the Product Cycle," *The Quarterly Journal of Economics*, 1966, 80 (2): 190–207.

② J. M. Utterback, *Mastering the dynamics of innovation*, Harvard Business School Press, 1994, pp. 15–20.

退期时，其市场规模逐渐缩小，市场需求减弱，生产能力过剩，增长竞争力丧失。国外学者对衰退期的产业研究主要集中于"能力过剩"和"过度竞争"两个概念。

张伯伦在其《垄断竞争理论》中首次提出"能力过剩"，即由于垄断竞争导致的平均成本高于边际成本，进而出现生产能力的持续性过剩。他指出，该产能过剩与经济周期中的短期性过剩存在本质上的差异，产业衰退期的能力过剩是缺乏增长潜力的，并且产业的收入弹性非常低，产出在整个产业结构中的比重出现大幅度的下降。[1]

哈佛学派代表人贝恩在 20 世纪 60 年代提出了"过度竞争"的概念，但日本经济学家小宫隆太郎对过度竞争的概念进行完善后，该概念才逐渐被学术界所认可。过度竞争指某个行业或者产业进入的企业过多，致使该行业的生产利润逐渐降低，甚至出现负利润率的状态，但由于存在"退出障碍"等相关因素，包括劳动者的安置费用等，生产要素和企业不能从该行业中退出，因此出现行业持续的负利润率状态。[2]

第二节　国内关于产业转移对就业影响研究的
发展历程与特征

本节通过对中国学术文献网络出版总库（即"中国知网"学术文献总库）中涉及"产业转移与就业"问题的全部电子文献的统计分析，描绘改革开放以来我国关于"产业转移与就业"问题的研究

---

[1] 〔美〕张伯伦：《垄断竞争理论》，周文译，华夏出版社，2009，第 31~36 页。

[2] 〔日〕小宫隆太郎等编《日本的产业政策》，黄晓勇译，国际文化出版公司，1988，第 40~45 页。

历程，总结过去一段时间相关研究的特点。

一 研究方法和文献样本的选择

本书采用文献计量的统计方法对我国当前关于产业转移与就业相关性的研究进行整理和评价。选择的文献数据库为中国知网。"产业转移"一直是国内经济学、产业经济学研究的热门词汇，学者们在研究产业转移问题时，更多的是将产业转移放在整个产业结构调整、产业转型升级的大背景下进行研究。因此，本书在进行文献检索时，考虑到了产业转移的特殊性和相关性，以求检索的准确性和全面性。此外，在研究产业转移对就业问题影响的过程中，由于产业转移与就业问题一直是国家经济发展的重点研究领域，其相关新闻报道会频繁出现，难免出现"内容重复"的现象，因此本书在进行这类问题的文献检索时，也排除了此类因素的干扰。综上所述，笔者在中国知网文献数据库进行文献检索时，主要以文章篇名为检索依据，以"产业""产业转移"分别与"就业"为关键检索词，并且其为包含关系，以保证统计分析的科学性和严谨性。分别检索题名包含"产业""产业转移""就业"的文献，将文献搜索限定在"产业""就业"以及"产业转移""就业"两大研究领域，其目的是将产业转移与就业的相关问题研究单独分离出来，详细分析此类问题的研究现状，探讨产业转移对就业的影响。因此，本书在文献检索过程中，将对此两类问题分别进行统计分析，其中重点对"产业转移""就业"的相关文献研究进行统计分析。

二 "产业－就业"研究分布情况

经排除与研究主体无关的文献后，题目并含"产业""就业"

的文献共有 4308 篇（截至 2017 年 12 月 31 日）。其数据库来源统计见图 2-1。

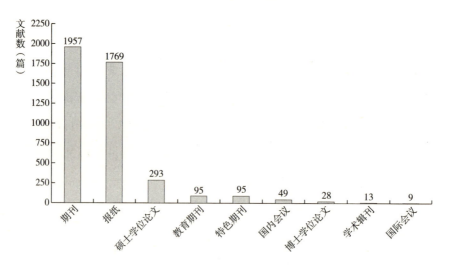

图 2-1 "产业-就业"文献数据库来源分布
资料来源：中国知网。

从图 2-1 可以看出，在"产业-就业"问题研究中发表在学术期刊上的文献所占比重最大，其比例接近 50%，其次是重要报纸上的文献，而会议论文、硕博学位论文及特色期刊都比较少。从总量上看，4000 余篇文献显示产业经济对就业影响的相关问题已经得到了学术界乃至全社会的关注，但就此研究领域的理论体系建立和问题的解决来看，其研究水平还是远远不够的；除却报纸文献外，目前国内学者对"产业-就业"问题的主要研究成果大多以期刊论文的形式出现，硕士和博士研究生对"产业-就业"问题的关注和研究热情还不高，其也未成为研究热点。

在文献发表时间方面，学术界从我国改革开放之初就已经开始关注"产业-就业"问题的研究。改革开放之后，市场经济开始发挥应有的作用，劳动力市场初步形成，民生问题尤其是劳动力就业问题成为国家发展需要重点解决的社会问题，同时国家经济发展如何带动第三产业发展，建立第三产业对劳动力就业的拉动机制也是学术界的研究重点之一。我国最开始研究"产业 – 就业"问题的文献以第三产业对就业的拉动作用为主，其中以戴云燕、肖清益发表于《经济研究》1981 年第 9 期的《发展第三产业是广开就业门路的重要途径——对太原市北城区的调查》和陶嘉善发表于《人民文学》1982 年第 2 期的《生活的色彩——给在第三产业就业的青年》为代表。2005 年以后，关于"产业 – 就业"的理论研究逐步深化，内容更加全面，在 2009 年达到高峰，其文献数量为 384 篇。研究时间分布如图 2 – 2 所示。

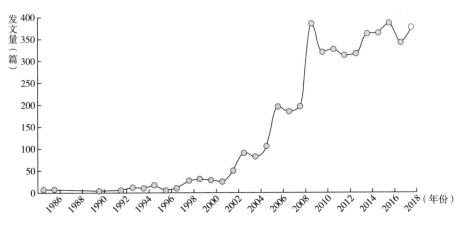

图 2 – 2　"产业 – 就业"文献发表时间分布情况
资料来源：中国知网。

三　"产业转移 – 就业"研究分布情况

本书的研究对象是我国产业转移对劳动力市场就业的影响，因此在文献整理方面，将"产业转移"与"就业"单独分离出来进行检索，经排除与研究主题无关的文献后，题目并含"产业转移""就业"的文献共有 121 篇（截至 2017 年 12 月 31 日）。其数据库来源统计见图 2 – 3。

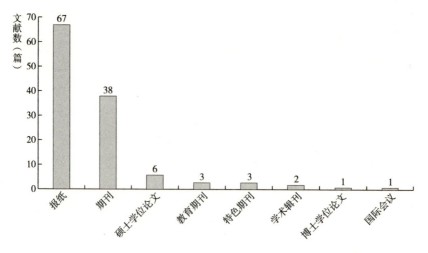

图 2 – 3   "产业转移 – 就业"文献数据库来源分布

资料来源：中国知网。

从图 2 – 3 可以看出，关于产业转移与就业相关性研究的文献总量很少，只有 121 篇，且其中 55% 以上的研究是以新闻报道的形式出现的，关于此类问题的学术研究文献比例较低。在学位论文来源方面，关于产业转移对就业影响的博士学位论文仅有 1 篇，硕士学位论文也仅有 6 篇。由此可以发现，虽然产业转移是目前我国产业经济发展的重要宏观经济研究领域，但将其与我国就业民生问题进行相关性研究的学者和文献仍然不多，其研究仍处于空白状态。

在文献发表时间方面，关于"产业转移"与"就业"的研究起步较晚，且研究对象较为分散，主要是以劳动力就业为主线分析其在产业中的转移变化以及带来的影响，主要以蒋志学等发表于《辽宁大学学报》1996 年第 3 期的《中国农村就业人口产业转移对环境的冲击与对策》和李新安发表于《经济经纬》2000 年第 2 期的《我国产业结构变动对劳动力的产业转移和再就业形势的影响》为代表。21 世纪以来，随着我国产业结构的逐步调整以及国家经济社会发展逐渐走向发达水平，国内学者开始关注产业转移给劳动力市场带来的影响，并且将影响群体区分开来，以张强等发表于《经济导刊》2018 年第 8 期的《产业转移背景下如何促进大学生就业》和 2012 年发表于《内蒙古日报》的《承接产业转移，让农牧民在当地实现就业》为代表。研究时间分布如图 2 - 4 所示。

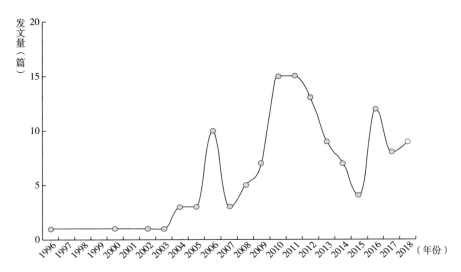

图 2 - 4　"产业转移 - 就业" 文献发表时间分布情况

资料来源：中国知网。

从文献的学科来源来看，由于产业转移与就业问题一直是我国宏观经济发展以及社会民生的重大问题，因此关于此类问题研究的文献主要集中在"宏观经济管理与可持续发展""人才与劳动科学""经济体制改革"三大学科，其比例在 80% 以上。其他学科文献比例不高，但也主要集中在经济学科领域。

四　国内关于产业转移对就业影响的内容分析与文献述评

（一）国内关于产业转移对就业影响的内容分析

随着我国西部大开发与中部崛起等国家战略的相继实施以及工业化、城镇化过程的不断推进，我国东部地区的一些劳动密集型、低附加值产业加快了向中西部地区转移的进程。在此背景下，中西部地区加快实施积极承接产业转移的一系列措施，我国区域经济发展差距持续缩小，同时包括劳动力资源在内的生产要素流动也受到产业转移的影响，近年来我国劳动力的流动方向也发生了重大转变，东部地区出现的"民工荒"现象以及农村劳动力就近就地就业现象越来越普遍。关于该领域的研究本书主要从劳动力就业、劳动力流动等角度进行整理。

从劳动力就业角度来看，周均旭、江奇等学者以湖北蕲春承接产业转移为研究对象，就中部地区产业转移对劳动力就业的影响进行了调查和分析。他们指出，蕲春地区的产业转移主要以纺织服装、医药化工等低附加值的劳动密集型产业为主，在此期间，由于承接产业转移带来的市场需求增长，生产规模扩大的同时对劳动力的需求也不断增长，蕲春的农村富余劳动力向非农部门就近就地就业的趋势日益明显，就业结构发生了重大改变。但同时也要看到，蕲春承接产业转移带来外来企业的迁入，这些企业也要面临"招工难"的问题，因为我国劳动力被东部地区吸引的基本现象并没有得到明显改变，东部沿海的发达经济区域凭借其优越的地理位置以及高薪酬福利水平的优势不断吸引着劳动力从中西部地区转移到当地，因此湖北省所承接的外迁企业的招工问题依然严重。[①]

从劳动力流动角度来看，郭力在产业转移与劳动力回流背景下，通过建立回归模型研究了区域就业变动及其影响因素的地区差异。实证研究的结果显示中西部地区通过承接产业转移，经济发展水平和工业化水平逐步提高，与东部地区的发展差距逐渐缩小，吸

---

① 周均旭、江奇：《中部产业转移的经济效应及对劳动力就业的影响——以湖北蕲春为例》，《当代经济》2012 年第 3 期，第 11~20 页。

纳就业能力也得到加强。但中西部地区与东部地区影响就业的主要
因素存在明显差异。他指出，中西部地区固定资产投资对就业的拉
动作用要大于东部地区，同时中西部地区的外商直接投资对就业的
贡献率也较大，但东部地区的外商投资与就业不存在显著关系。从
第三产业吸纳就业的能力方面来看，全国和东部地区的第三产业比
重与就业存在正相关关系，说明第三产业拉动就业作用明显，但在
中西部地区第三产业的就业拉动效应并不显著。这种就业影响因素
的区域差异充分说明中西部地区仍处于工业化初期，就业增长表现
出一定的政府驱动特征，因此其就业扩张的重心仍要放在大力承
接、发展劳动密集型制造业，而不应过度追求高端服务业。[1]

此外，刘生龙、覃成林等众多学者的研究表明中国经济发展在
近年来已经由趋异向收敛转变，但从就业的角度来考察中国区域经
济的研究还处于空白状态。他们指出，从国内关于区域就业差异因
素的影响研究来看，大多数研究都只是从单因素的角度来研究就业
的区域差异性，即政府公共投资、出口、产业结构等对区域就业水
平的影响，缺乏从产业转移、我国产业结构调整的宏观背景进行综
合性以及区际比较的研究。[2]

目前我国关于产业区域转移对就业影响的研究成果并不多，大部
分研究主要集中在以就业量的宏观数据为基础的简单实证研究和以具
体区域为背景的实证分析，没有较为系统的理论研究，并且在实证研
究中，指标的选取也较为抽象，并且在考察产业转移对就业影响的过

① 郭力：《产业转移背景下区域就业变动及其影响因素的地区差异——基于1999年—2007年
省级面板数据的实证分析》，《兰州学刊》2011年第9期，第92～96页。

② 刘生龙、王亚华、胡鞍钢：《西部大开发成效与中国区域经济收敛》，《经济研究》2009年第
9期，第10～15页；覃成林、张伟丽：《中国区域经济增长俱乐部趋同检验及因素分析——
基于CART的区域分组和待检影响因素信息》，《管理世界》2009年第3期，第40～41页。

程中，主要偏向于其对就业总量的影响，没有具体细化就业群体和就业指标的其他维度，没有科学具体地分析指标的适用性。

（二）国内关于产业转移对就业影响的文献述评

通过运用文献计量的统计方法对我国关于产业转移与就业相关性研究的文献进行整理和分析，并且深入具体研究内容，我们可以发现目前该领域的整体研究水平尚处于初级阶段。

第一，从研究时间和文献数量来看，改革开放以来，我国产业发展与经济发展相辅相成，产业结构一直随着我国经济战略发展不断进行调整，因此关于产业结构调整的学术研究很早就开始起步，产业经济学作为经济学的重要研究领域，产业转移、产业转型升级等与产业相关的研究主题不断受到社会各界的关注，但深入产业与就业相关性研究，将产业经济发展与民生问题相结合的研究则起步较晚，几乎都是在 2000 年以后，并且在 2008 年以后才达到该领域研究的高峰，其中关于产业转移与就业相关性的研究则更为薄弱，不仅起步晚，主要集中于 2010 年左右，而且研究成果较少，仅有 10 余篇文献。

第二，从研究内容来看，不论是该领域研究内容的广度还是该领域研究内容的深度都不够成熟和完善。目前我国学术界关于产业转移对就业影响的研究范围较窄，仅仅从劳动力就业数量的角度来衡量产业转移在劳动力市场的影响程度，但产业转移对劳动力市场的影响远不止于就业数量的分析，其应更加深入就业的不同维度，如就业结构、劳动力就业技能等方面。目前的研究方法以实证研究为主，通过数据建模等计量方法来检验我国产业转移对劳动力流动、劳动力就业数量等方面的影响，缺少我国产业转移对就业影响机制的理论分析，缺乏系统的理论体系来解释目前产业转移过程中出现的就业变化与相关问题。此外，该领域的研究成果呈现方式以报刊等简要宣传工具为主，学术期刊的研究比例较低，关于该领域的硕士、博士学位论文数量更少，因此本书的研究价值体现在弥补该领域学术研究的空白，同时更为重要的是对我国重大现实问题进行深入的理论和实践探讨，形成系统的分析框架，更好地解决经济发展过程中出现的就业、失业问题。

第三节　产业结构调整过程中就业问题的对策与建议

一　从国际视角看产业结构调整过程中的就业问题

谢威研究了美国、日本、新加坡的产业升级经验。美国的高新科技和信息化战略为美国带来了"新经济"的十年繁荣。信息产业作为新的经济增长点，促进了产业结构升级，并且基于其产业链长、产业关联度大等特点，为缓解就业矛盾做出了积极的贡献。日本的"内需主导型"战略使得日本的产业结构日趋成熟，电子设备、半导体芯片等行业得到高速发展。新加坡的"进口替代工业化"战略不仅是一种经济上的战略，而且在社会政治方面同样具有战略性意义。依靠这个战略，新加坡集中了全国有限的资源，解决了消费品生产和失业的问题。[1] 第二产业升级会带来新兴就业岗位。赵建军在研究全球产业升级的经验时，特别提到了日本产业结构调整时期的援助政策，日本自1983年7月开始实施《关于维持特定萧条行业、萧条地区工人稳定就业的特别措施法》，目标是在失业前实施援助，以保持就业稳定。如果企业主对员工实行失业前培训，政府对这一期间的工资，给予部分补贴。[2] 此外，李辉、刘春艳从

---

① 谢威：《基于扩大就业视角的产业升级研究》，南京财经大学硕士学位论文，2011，第33~35页。

② 赵建军：《论产业升级的就业效应》，中共中央党校博士学位论文，2005，第11~30页。

产能过剩以及产业衰退的角度关注了老工业基地资源型城市产业转型过程的国际经验，指出从日本和欧盟的经验来看，老工业基地资源型城市产业转型过程的最大障碍之一就是人口就业结构的转型。在产业转型方面，日本为减轻受煤炭产业衰退影响最大地区的就业压力，采取了软着陆的循序渐进的产业结构调整政策；欧盟则根据各国的经济结构和能源结构采取了积极发展替代产业的产业更新模式，并把老工业区资源型城市划入衰退产业区范畴。① 而在促进就业政策方面，各国政府针对结构性失业采取了各种措施来解决产业结构调整与就业增长的矛盾，主要包括五个方面。第一，明确产业政策与就业政策的关系，促进产业政策和就业政策的协调作用，在产业结构调整中有效促进就业的增长；第二，采取积极就业政策，选择灵活就业措施，改变消极的就业政策；第三，发挥政府在产业结构调整过程中的监督和调控作用，解决产业结构调整对就业带来的负面影响；第四，提高中小企业吸纳就业的能力，大力发挥中小企业的经济带动作用；第五，加强人才培训，关注人力资源开发与利用，不断提高劳动力就业技能，加强劳动力与产业发展的匹配度。

二 从国内视角看产业结构调整过程中的就业问题

段敏芳等认为加快第三产业发展以及产业转型升级，对增长就业的影响最大。其从三个方面提出产业转型升级的建议：第一，加快工业结构调整升级，走新型工业化道路；第二，实现从出口导向型向内需导向型产业结构的转变；第三，注重战略性新兴产业的发展。②

---

① 李辉、刘春艳：《日本与欧盟资源型城市转型中的就业对策比较》，《现代日本经济》2006年第2期，第26页。

② 段敏芳、徐凤辉、田恩舜：《产业结构升级对就业的影响分析》，《统计与决策》2011年第14期，第77～80页。

郭力根据实证研究的结论，提出了东中西部不同地区促进就业的对策。第一，要加快产业梯度转移，调整优化产业布局。中西部地区要加快承接劳动密集型产业内迁，通过重点发展第二产业尤其是加工制造业拉动经济与就业增长；东部地区应加快产业结构升级，重点发展第三产业，尤其是金融、信息、商业服务等现代服务业，从而更高效率地促进就业。通过产业转移与布局重构，形成中国"大国雁阵"式产业分工格局，实现产业升级换代及就业的最大化。第二，要引导劳动力回流，形成劳动力和产业的良性互动机制。第三，中西部地区要重视改善投资环境及扩大对外开放度，并且更好地发挥政府财政投资的就业促进作用。① 王治虎认为应实行促进就业的技术进步策略，包括：将激进式的技术变迁和稳定过渡式的技术变迁方式结合起来，兼顾技术进步和就业；政府应该引导企业选择劳动密集型技术进步策略，适当发展劳动密集型产业，为社会提供更多的就业岗位；在兼顾产业间关联性的基础上，重点发展第三产业；等等。② 刘社建强调就业政策和产业政策的协调，要在制定相应的就业政策与产业政策时，将促进相互的协调发展作为制定政策的重要决定因素，防止政策相互脱节与割裂，甚至背道而驰。③

本章小结

本章对产业发展、产业结构调整以及产业转移的相关经典理论

---

① 郭力：《产业转移背景下区域就业变动及其影响因素的地区差异——基于1999年—2007年省级面板数据的实证分析》，《兰州学刊》2011年第9期，第92~96页。

② 王治虎：《河北省技术进步对就业影响的实证研究》，燕山大学硕士学位论文，2012，第40页。

③ 刘社建：《就业结构与产业升级协调互动探讨》，《社会科学》2005年第6期，第11~12页。

进行了回顾与整理，同时对目前我国关于产业转移对就业影响的研究历程与特征进行了分析与述评。

第一，本章对产业发展与产业结构调整、产业梯度转移、产业生命周期等与产业相关的经典理论进行了回顾与整理，主要以产业发展本身为出发点，对学者的主要观点以及相关结论进行了归纳和总结，如将产业梯度转移理论分为产业转移的比较优势流派、产业集聚的新地理经济学流派以及微观视角的企业迁移理论流派等。

第二，本章对我国学术界关于产业转移对就业影响研究的历史、现状以及相关研究特征进行了总结和归纳，主要运用文献计量的统计方法，以中国知网学术文献总库为基础，分别对我国关于"产业－就业""产业转移－就业"的研究情况进行了探索和分析，找出该领域的研究空白，凸显本书的研究价值。

第三，本书研究的一个重要目的就是通过探究我国区域产业转移在劳动力市场的影响机制，结合相关研究结论，为我国产业政策调整以及劳动力就业政策提供建设性意见。因此，本章进一步结合国内外研究视角，分别对产业结构调整过程中就业问题的对策与建议进行了整理和归纳，以国内学者的研究观点为主，回顾了中国、美国、日本、欧盟等国家的产业政策调整经验。

第三章　区域产业转移对就业影响的理论机制

产业转移作为产业结构调整的主要形式之一，对于转入地而言，促进了其要素转移，推动了其经济结构调整和就业结构变化，同时也会产生产业极差，阻碍其达到与发达地区缩小经济差距的目标[①]；对于转出地而言，提高了其产品生产率，促进了产品差异化发展，同时提高了产出水平，加快了当地产业转型升级。在产业转移的众多经济效应中，劳动力就业效应广受关注。根据第二章的理论回顾及文献述评可以发现，我国关于产业转移与就业的关联研究并不多，并且研究较为分散，主要以数据描述和基本实证分析为主，其中关于我国产业转移对就业影响效应的理论机制完全处于空白状态。在目前我国产业转型升级的关键时期，建立一套有中国特色[②]的区域产业转移的就业效应理论框架具有重大的理论和现实意义。

---

① 卢根鑫：《试论国际产业转移的经济动因及其效应》，《上海社会科学院学术季刊》1994年第4期，第33~42页。

② 本书的研究目标是建立具有中国特色的区域产业转移就业效应的理论体系，其体现的中国特色主要表现在该理论体系虽然是产业转移对就业影响的一般机制，但其是以中国特殊的区域发展情况以及中国本土特殊国情为基础的，因此该理论目前只能在中国经济中得以体现，是否适合其他国家还需更深层次的研究和分析。

第一节　区域产业转移的影响因素及主要模式

由上述理论梳理可知，产业转移的过程可以描述为产业在不同驱动因素下进行区位选择的过程。产业在不同区域的分布是不均匀的，一类产业可能在每个区域都有分布，同时每个区域可能拥有不同类别的产业，但产业发展的聚集效应会在每个区域形成不同的主导产业，进而使该区域的主导产业成为其主要发展的产业类型。因此，产业的分布具有地域分工的特质，即往往是某些地区专门发展某类产业。产业的合理分工是产业经济迅速发展的关键。之所以会出现这一现象，是由于产业所依赖的经济技术因素的区域分布差异导致不同区域产业发展的必要条件的差异，其实质即产业根据要素禀赋条件的不同以及其他相关影响因素，通过不同模式的转移，最终在适合该产业发展区域进行定位选择的过程。此外，不同的产业转移模式带来的经济效应也不同。因此，下文将分析区域产业转移的主要影响因素是什么、具体模式有哪些，以及目前我国区域产业转移是否开始规模化地发生，如是，其发展状况如何。

一　区域产业转移的主要影响因素

从产业区位选择来看，区域产业转移可以看作产业区位选择的一个过程。阿尔弗雷德·韦伯在其著作《工业区位论》中最早提出影响工业地域选择的"区位因素理论"。[①] 他指出，影响工业区位的因素可分为两类：一类是影响工业分布与各个区域的"区域性因

---

① 〔德〕阿尔弗雷德·韦伯：《工业区位论》，李刚剑、陈志人、张英保译，商务印书馆，2009，第36~52页。

素", 另一类是在工业的区域分布之中, 把工业集中于某地而不是其他地方的"集聚因素"。不论是区域性因素还是集聚因素, 都可以分为影响一切工业的一般因素和影响某些特定工业的特殊因素。根据韦伯的"区位因素理论", 其将区域性因素进行层层分解, 最后只剩下运输成本因素和劳动力成本因素两大类, 当然此结论是韦伯在进行一系列假设和严密论证的情况下得出的。他指出, 工业区域性因素中的特殊因素不属于纯理论研究范畴, 其在工业产生集中倾向的情况下才发生作用。因此, 从韦伯的"区位因素理论"可以发现构成区域性因素的主要是成本构成要素, 包括以下七类: 土地价格; 厂房机器设备和其他固定资产成本; 原材料、动力和燃料成本; 劳动力成本; 运输成本; 利率; 固定资产折旧率。

从国际贸易和对外投资理论的角度来看, 产业转移也是一个产业根据生产要素成本进行选择的过程。具体来看有李嘉图、小岛清的"比较成本"理论和赫克歇尔、奥林的"要素禀赋比率"理论作为其理论基础。"比较成本"理论主要指根据产品生产成本来决定经济贸易的方向和分工, 是一种"比较的"考察方法, 而"要素禀赋比率"理论则更加深入地去分析比较成本的决定因素和比较成本变动的决定因素, 即一个国家同外国相比, 在较多使用便宜生产要素的商品生产方面具有比较优势。[①] 以赫克歇尔和奥林的"要素禀赋比率"理论为基础, 阿瑟·刘易斯从劳动力成本的角度分析了产业转移的经济动因, 即劳动力成本上升导致产业的生产成本上升, 产品不再具有竞争优势, 只能进行产业转移。[②] 刘易斯的观点主要集中在劳动力成本对产业转移的影响, 因此在研究对象上局限在劳

---

① 〔日〕小岛清:《对外贸易论》, 周宝廉译, 南开大学出版社, 1984。

② 〔英〕阿瑟·刘易斯:《经济增长理论》, 郭金兴等译, 机械工业出版社, 2015, 第40~55页。

动密集型产业，而对其他如资本密集型、技术密集型等产业的转移问题没有做出具有说服力的解释。

从产业成长和企业盈利的角度来看，弗农提出产品周期论以解释产业转移的动因。他指出，产业转移是企业为了顺应产品生命周期的变化，回避产品生产的比较劣势而实施的空间移动，是产品生命周期特定阶段的产物，是产品演化的空间表现。[①] 同时，企业盈利空间界限论也指出，位于既定区位的企业有一个盈利的空间界限，该界限由企业的空间收入状况和空间成本状况所共同决定。

从上述内容可以看出，关于产业转移成因的理论已经形成了一套体系，研究较为成熟，但从具体动因来看，我们可以发现除了韦伯的"区位因素理论"详细指出了具体产业转移动因之外，其他理论只是在产业转移的宏观层面上对其转移动因进行空间思维性的因素分析，没有形成具体的"产业转移的影响因素"，并且韦伯的"区位因素理论"形成时代与当代经济差距较大，其研究结果不一定适用于当代经济。笔者通过总结过往学者对此方面的理论研究，结合当代经济和中国经济发展特点，对我国区域产业转移的主要影响因素进行了整理。

（一）区域生产要素禀赋因素

从经济学产品生产的角度来看，生产要素一般是指市场主体生产产品和提供相关服务所必须具备的条件，包括劳动力、资本、技术、土地等以物质形态而存在的要素。[②] 产业的集聚与转移机制受

---

① Raymond Vernon, "International Investment and International Trade in the Product Cycle," *The Quarterly Journal of Economics*, 1966, 80 (2): 190 – 207.

② 马子红：《中国区际产业转移与地方政府的政策选择》，人民出版社，2009，第30页。

多因素的影响，对于生产要素而言，它们对产业的影响并不是通过其物理形态，而是通过其所表现出来的价格因素即劳动力成本（工资）、资本回报率、土地租金等进行的。因此，产业转移的区域生产要素禀赋因素主要是指影响区域产业转移的价格成本因素。由于篇幅及专业所限，并且本书的研究目的主要是通过分析产业转移机制来分析其对劳动力市场的影响，因此，本书在此主要研究劳动力成本因素在理论上是如何影响产业的转移或者扩散的。

劳动力资源禀赋主要是指产业间具有生产劳动技能的劳动力供给份额的大小，其供给结构以及富裕程度直接影响一个地区的产业发展。劳动力供给充裕的地方一般会吸引大量产业直接投资，比如20世纪90年代发达国家的劳动密集型企业在我国东部地区进行了直接投资；相反，在劳动力资源不足的地区，劳动力成本高以及供给结构的滞后性会导致产业的衰落与扩散。因此，劳动力资源禀赋对产业发展的影响主要是通过劳动力成本进行的。在一般的经济术语中，劳动力成本是指"特定生产过程的人类劳动支出，它在资本主义制度中是以工资或者薪金形式出现的"。[①]

产业转移的前提是产业集聚到一定程度，当资源的禀赋要素出现不均衡时，产业才会进行转移或者扩散，因而在分析劳动力成本对产业转移的影响时，应该将产业发展的整个过程作为研究基础，以此建立劳动力成本因素对产业转移的影响机制，如图 3-1 所示。假设只存在两类地区，横轴代表产业发展阶段，即产业发展的技术水平以及发展需求，按照从小到大的程度分为四个不同的发展阶段，纵轴表示劳动力的实际工资水平（ω），地区 1 和地区 2 的劳动

---

① 〔德〕阿尔弗雷德·韦伯：《工业区位论》，李刚剑、陈志人、张英保译，商务印书馆，2009，第 103 页。

力工资水平分别为 ω_1 和 ω_2。在阶段 1 开始之前,由于生产要素的禀赋性,工业制造业在地区 1 进行集聚,该地区的产品需求量得到迅速提升,其劳动力需求也会得到释放,因此地区 1 的劳动力工资的实际水平与地区 2 逐渐拉大,随着产业集聚效应的发挥,产业发展开始进入阶段 1,并且此时地区 1 与地区 2 的劳动力工资差距已经拉大,在劳动力流动方面,地区 1 的农业剩余劳动力开始向工业地区转移,地区 2 的劳动力也逐渐开始向地区 1 供给。

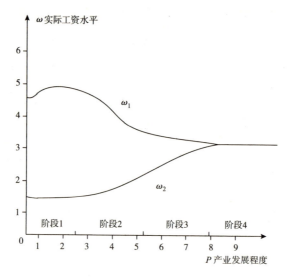

图 3 – 1　劳动力成本因素的两地区模型

当地区 1 与地区 2 的工资差距扩大到一定程度时,产业的技术发展也会对工业制造业的需求提出新的要求,即进入产业发展阶段 2。劳动力成本上升成为阻碍产业发展的重要因素,因此产业集聚效应在地区 1 开始形成一定的压力,此时地区 2 的工业化开始显现。当两地区的劳动力工资差距水平拉大到产生的负效应足以抵消产业在地区 1 产生的集聚发展效应时,工业制造业企业从地区 1 迁出并且转移至地区 2 是更加明智的选择。因此在阶段 2,随着产业发展程度的加深,工业制造业企业逐步开始从地区 1 转移至地区 2,地区 2 的工业程度得到加深，劳动力需求的增加也逐步缩小两地劳动力工资水平的差距，地区 2 自身的产业集聚效应使两地区的经济发展水平以及劳动力工资水平逐步趋同。随着产业深化发展进入阶段 3 和阶段 4，劳动力工资水平的一致性使地区 1 和地区 2 的经济发展结构也逐步理论趋同。其中，虽然地区 1 的工业份额下降，但其劳动力的人均实际工资水平是否下降还有待研究，因为地区 1 工业产业的转移也是当地产业转型升级的重要特征，产业转型升级带来的劳动力结构的调整将会直接影响其劳动力的人均实际工资水平。后文将会进一步进行深入分析探究。

（二）区位及市场需求因素

"区位"一词起源于德语"standor"，后来被英译为"location"，即既定位置或者场所之意。但从学术界对于区位的理解来看，其与地理位置是具有明显区别的。地理位置是指"某一事物"与"其他事物"的空间关系，其最大的特征是具有相对性，因此地理位置的描述是通过与其他空间事物的联系来体现的，而区位从学术意义上来看，其含义中的某事物限定在人类为生存和发展而进行的各种活动，包括经济、社会、政治活动等[①]，其最大的特征是具有人类行为，因此区位是人类活动所依赖的场所。本书将区位及市场需求合并为产业转移的统一影响因素，是将市场经济活动与区位的人类活动并列进行描述分析，并且在分析区位因素对产业转移的影响时，不是描述产业进行区位选择的因素影响，而是分析区位本身对产业转移的影响。因此，此处主要从运输成本、基础设施、市场容量以及市场关联度四个方面进行研究。

---

① 杨东方、臧学英：《对区位优势内涵的理解与运用》，《城市》2008 年第 6 期，第 23 页。

1. 运输成本

从一般意义上说，运输成本是企业在一定时间内完成一定客货运输量的全部费用的支出。韦伯在其《工业区位论》中特别对运输成本进行详细的理论分析，他指出，运输成本与劳动力成本一样，是决定区位选择的重要因素，并且决定运输成本的主要因素是运输距离和运输载量，用"吨公里"的单位概念来表达运输成本是较为合理的。运输成本对产业转移以及产业区位选择的影响主要体现在两个方面。第一，从产业生产的产品本身来看，不同产业所生产的产品由于原料、程序分工不同，其单位产品的价值量会存在差异，因此当产品最终到达销售市场的时候，其价格成本中包含的运输成本比例也在产业间存在巨大的差异。一般而言，产品加工程度越深，其单位产品的价值量就越高，那么相同重量的此类产品其运输成本将是此产业区位选择影响较小的因素。相反，初级产品的单位价值量要比同重量的其他产品存在更高的运输成本，那么其产品的可运性会比较差，因此，大多数资源密集型或劳动密集型产业，由于运输成本的影响，它们大多会转移至资源或者劳动力较为丰富的地区。例如钢铁行业企业较多分布在海边或者内陆沿江地带，纺织厂等劳动密集型企业较多分布在劳动力较为充裕的地区。第二，从产业的相关产业来看，产品的生产离不开原材料、燃料等附加产品，这些非本产业相关产业产品的运输成本也是该产业产品最终成本的重要决定因素。因此，产生大规模运量的钢铁、基础化学工业、建材、造纸、制糖等产业关联工业部门布局受运输成本的影响尤为突出。反过来，这些对运输成本较为敏感的工业部门也会因为客户产业的需求，根据运输成本大小来选择自己的产业布局，引起产业转移。

2. 基础设施

社会各界普遍认为基础设施是指为社会生产和居民提供生活或者

服务保障的物质工程设施。其最大的特性是公共性。理论界通常将基础设施分为两大类，即生产性基础设施和非生产性基础设施。[①] 生产性基础设施具有明显的经济性，包括交通运输、邮电通信、能源供给设施以及城市的其他设施；非生产性基础设施具有明显的社会性，主要包括教育、科学、环境卫生以及社会福利设施。在此做基础设施的划分是非常有必要的，因为中国是一个地大物博的国家，地区经济以及社会发展存在梯度差异是其重要的特征之一，特别是生产性基础设施在我国省域之间存在一定的差别。例如，电解铝行业企业在选择区位时，考虑的是其电力基础设施的成本，因此目前我国很多电解铝行业企业从内陆地区迁移至新疆等西部地区，因为新疆的电力价格（主要是指企业用电）与其他省份相比较低。此外，基础设施建设的差异，往往会影响到区域产业转移，其主要体现在能降低企业生产成本，提高劳动生产率，并且减少交易成本，促进管理效率的提高。[②]

3. 市场容量

市场容量是指市场上产品生产的需求量和供给量的总和。从消费角度来看，其规模大小与当地消费者的购买力密切相关。市场规模的大小，决定了企业数量和规模，是产业发展、产业转移的前提和基础。市场容量的发展具有一定的过程，并且与产业发展相互依存。我们不要追究到底是先有产业发展还是先有市场容量，而是要分析市场容量如何影响产业转移。产业集聚带来的集聚效应会使相关产业得到迅速发展，产业结构得到合理调整，当地经济结构逐步优化，消费者购买力逐渐增加，加之劳动力流动的外溢性，当地市场容量规模扩大，市场需求进一步增加，其他更多产业将会转移进

---

① 马子红：《中国区际产业转移与地方政府的政策选择》，人民出版社，2009，第39页。

② Adelheid Holl, "Manufacturing Location and Impacts of Road Transport Infrastructure: Empirical Evidence from Spain," *Regional Science and Urban Economics*, 2004 (3): 341 - 363.

来，产业集聚效应继续增强。但当当地产业发展到一定程度，市场容量开始饱和，并且由于劳动力成本、资源成本等因素的影响，当地市场容量逐步萎缩，产业逐利效应降低，市场规模扩大过程中供求关系的连续性被迫中断时，产业就开始向外转移，在其他市场容量规模更大的地方进行集聚。

4. 市场关联度

当一个工业过程产品进入另一个工业过程是作为一种固定设备和工具，抑或是一种辅助产品时，其联系就在于一种生产过程为另一种生产过程造就了一个消费市场，或者说创建了一个共同的市场，这种联系就被称为市场关联。芮明杰指出，从产业经济学的角度来看，产业关联主要是指产业间的相互联系，包括产品劳务联系、生产技术联系、价格联系、劳动就业联系以及投资联系等五种类型，并且产业关联的主要理论分析工具以投入产出表和投入产出模型为主。[①] 从某个具体的工业过程来看，企业的区位选择既要考虑运输、劳动力成本等因素，又要考虑市场的可进入性。一个由于比较优势已经在一个地区开始集中生产某一商品的企业能够为生产相关产品的其他企业提供更大的市场，即消费需求市场、政府市场以及生产需求市场，当其他企业被吸引转移过来的时候，当地的产业结构得到优化，闲钱集中在这个地方的企业又能够为新进入的企业提供更好的生产投入品和消费品，于是产生连锁的关联效应和产业集聚效应。相反，当市场容量达到饱和，市场规模过度膨胀时，关键企业开始向外转移，此时关联企业也会跟着扩散或者转移到其他区域。

(三) 政策制度因素

根据凯恩斯经济理论，作为"看得见的手"和"看不见的手"，政

---

① 芮明杰：《产业经济学》（第二版），上海财经大学出版社，2012，第 252 ~ 250 页。

府和市场是调节经济的两大手段和途径，既是资源配置的两种基本方式，也是协调一个国家经济利益关系的两种重要手段。从古典经济学一直到现代经济学，社会各界都在围绕着这两只手的作用与选择问题进行争论与研究。区域经济发展非均衡的状态是市场经济机制作用下的必然产物。1957 年瑞典经济学家 Gunnar Myrdal 在其著作《经济理论与欠发达地区》（*Economic Theory and Underdeveloped Regions*）中提出了"地理上的二元经济"（geographical dual economy）理论，他利用"扩散效应"（spread effects）和"回波效应"（backwash effects）概念，说明了经济发达地区的发展对欠发达地区的促进和负面作用。他指出，区域经济的发展即市场机制的发展是区域经济差距扩大的最主要因素。① 因此，从经济整体发展来看，市场机制是市场微观单位追求利润最大化的结果，这种微观效率并不能带来宏观经济效率的最大化，此时，政府的政策制度作为宏观经济的调控手段，对宏观经济效率的最大化发挥了重要作用。

产业转移作为国家宏观经济结构调整的重要形式之一，离不开政府政策制度的影响和协调。制度是指"人类相互交往的规则"，这些规则涉及社会、政治以及人类的各种经济行为，它限定和确定了人们的选择集合。② 从制度经济学的角度来看，制度是在一定的人口、经济、社会、政治以及自然环境等条件下形成的，并且具有经济学意义，即制度的供给与需求达到均衡状态时，制度才会被确定下来。一旦这些条件发生改变，行为主体为了追求自身目标的最大化，制度均衡会被打破，行为主体出现新的制度需求，制度创新

---

① Gunnar Myrdal, *Economic Theory and Underdeveloped Regions*, Gerald Duckworth, 1957, pp. 23 – 38.

② 〔德〕柯武刚、史漫飞：《制度经济学——社会秩序与公共政策》，韩朝华译，商务印书馆，2000，第 35 页。

则会出现，当新制度所带来的边际收益与其边际成本相等时，下一个制度均衡状态将会出现。制度需求包括政府的诱导性制度变迁和强制性制度变迁。产业转移的实现是通过企业迁移实现的，聚集的企业会成为地方政府的主要管理对象和公共品的接受者，因此政府所制定的相关产业政策制度将会直接影响企业迁移是否能顺利进行。我国在产业转移方面的政策制度主要是通过宏观和中观的政策层面实现的。宏观方面，我国从 20 世纪 50 年代就开始进行产业政策的制定，最早的产业政策是为了缩小内地与沿海地区的经济发展差距而制定的中西部地区工业产业开发政策，即公平优先的均衡产业政策。20 世纪 90 年代末，为了进一步促进区域经济的均衡发展，我国开始实行区域协调发展产业布局战略。到了现代经济发展阶段，区域经济协调发展仍是我国产业政策的主题，但注重民生，促进我国劳动力就业也是目前我国社会经济发展的重要目标之一，因此就业优先的产业政策成为目前我国产业政策的主要体系之一。从中观层面来看，我国地方政府特别是中西部省份政府，在国家宏观经济结构调整的基础上，将会制定符合当地经济发展的产业转移政策，通过税收、地租等手段，吸引相关制造业企业在当地集聚，调整当地产业结构，促进当地经济发展；或者由于自然环境的变化，比如环境的恶化，政府会通过制定相关强制性政策将相关企业迁出，比如目前我国钢铁企业的搬迁，很多都是因为其对环境产生负面影响而被政府强制迁出。

二 区域产业转移的主要模式

根据上述区域产业转移的主要影响因素，本书将区域产业转移的主要模式分为三大类，即要素导向型、市场开拓型以及政策导向型产业转移。

（一）要素导向型产业转移

要素导向型产业转移是指根据要素禀赋比较优势理论和原则，以寻求廉价的生产要素，降低生产成本为目的的产业转移，因此要素导向型产业转移又叫成本导向型产业转移。企业在进行转移决策时，往往需要考虑其生产要素成本的变化情况，主要包括劳动力成本即工资、资本、土地、技术等具有不同流动性的成本要素。要素导向型产业转移的原因往往是竞争环境的改变，当某些产业在一个地区集聚到一定程度后，生产要素的成本压力逐渐加大，迫使企业寻求生产成本更低的区位。一般而言，劳动、资本、资源、技术密集型产业的转移都属于要素导向型产业转移，比如，在成本因素的推动下，劳动密集型企业由于劳动力成本的压力，一般从发达地区迁出，选择存在更加低廉劳动力价格的欠发达地区。因此要素价格成本是要素导向型产业转移的决定性因素。

我国区域经济发展不平衡，发达地区与欠发达地区在要素成本价格上区别明显，表现为近年来我国区域产业经济的发展变化。《中国省域经济综合竞争力发展报告（2016~2017）》显示，2016年全国各省、区、市产业竞争力[①]处于上游区（1~10位）的依次是江苏省、广东省、北京市、上海市、浙江省、山东省、天津市、福建省、河南省、重庆市；处于中游区（11~20位）的依次是湖北省、湖南省、安徽省、四川省、河北省、内蒙古自治区、辽宁省、江西省、吉林省、陕西省；处于下游区（21~31位）的依次是广西

---

① 产业竞争力，指某国或某一地区的某个特定产业相对于他国或地区同一产业在生产效率、满足市场需求、持续获利等方面所体现的竞争能力。产业竞争力是一个比较性的概念，具有较为系统的指标评价体系，包括产业产品的市场占有率、平均资产利润率、劳动生产率、企业规模、质量体系等多项指标。

壮族自治区、黑龙江省、贵州省、山西省、海南省、宁夏回族自治区、云南省、新疆维吾尔自治区、甘肃省、青海省、西藏自治区。[①]从上述权威资料可以看出，我国东部地区的产业竞争力仍然比中西部大，同时从侧面可以看出中西部地区的要素价格仍然比东部地区低，此时会吸引要素导向型产业逐步从东部地区向中西部地区转移，近两年我国各省份的产业竞争力排序的变化可以对此加以验证。《中国省域经济综合竞争力发展报告（2016～2017)》显示，2016 年与 2015 年相比较，排位上升的有 6 个省、区、市，上升幅度最大的是黑龙江省和内蒙古自治区，排位均上升了 5 位，吉林省上升了 3 位，重庆市上升了 2 位，湖南省和甘肃省均上升了 2 位；15 个省、区、市排位没有变化；排位下降的有 10 个省、区、市，下降幅度最大的是海南省，排位下降了 5 位，安徽省、广西壮族自治区和陕西省均下降了 2 位，其他几个省、区、市都下降了 1 位。从中可以看出产业竞争力排序上升的省份主要集中在中西部，这说明中西部经济要素的比较优势在近年逐渐显现出来，产业竞争力的上升与欠发达地区要素资源成本优势联系紧密。

（二）市场开拓型产业转移

市场开拓型产业转移是指企业为了克服某些地区市场准入壁垒，扩大产品在市场上的销售规模而进行的产业转移[②]，目的是提高产品市场占有率以增加企业销售利润。与要素导向型产业转移不同的是以市场开拓为目的的产业转移更多的是追求市场占有率，即将产品生产制造的过程中的某些环节转移到目标区域，就地进

---

① 李建平、李闽榕主编《中国省域经济综合竞争力发展报告（2016～2017)》，社会科学文献出版社，2018，第 16～17 页。

② 芮明杰：《产业经济学》（第二版），上海财经大学出版社，2012，第 117 页。

行生产、组装，并且就地销售。企业根据市场需求量的大小合理选择区位，选择市场需求量大的区域可以大大减少企业的运输和交易成本，缩短交易时间和建立市场需求网络的时间，并且能够及时掌握市场信息，更好地满足消费者的需求以扩大企业知名度。从国际产业转移的角度来看，20 世纪初大量的国际跨国公司转移到我国东部省份，其中劳动力成本和其他生产要素成本的比较优势是其转移驱动的重要因素之一，更重要的是占领中国市场，实现其国际市场战略扩张的目标。不断开发新的市场，现在已是多数企业的共同行为。在开放经济条件下，企业的竞争能力更多表现在流通环节上。企业发展到一定程度之后，就要不断地采用新技术开发新产品，扩大市场占有率。企业不必进行整体迁移，只需在购买力强的地区建立分公司或分工厂，作为企业的生产基地，大力开拓新市场，发展新的产品，扩大市场占有率的同时也能促进一个地区产业结构的优化升级。

从我国各省份的宏观经济发展来看，2016 年全国各省、区、市宏观经济市场竞争力处于上游区（1～10 位）的依次是广东省、江苏省、山东省、浙江省、北京市、天津市、辽宁省、上海市、福建省、湖北省，而处于下游区（21～31 位）的依次是黑龙江省、陕西省、西藏自治区、宁夏回族自治区、贵州省、新疆维吾尔自治区、山西省、广西壮族自治区、云南省、青海省、甘肃省。[①] 上述数据资料显示，我国东部地区的市场竞争力仍然比中西部地区高很多，特别是西部地区省份的市场竞争力、消费需求等都较低。但从经济可持续发展来看，2013 年全国各省、区、市可持续发展竞争力处于

---

① 李建平、李闽榕主编《中国省域经济综合竞争力发展报告（2016～2017）》，社会科学文献出版社，2018，第 13 页。

上游区（1~10位）的依次是内蒙古自治区、海南省、福建省、黑龙江省、北京市、山东省、广西壮族自治区、浙江省、山西省、新疆维吾尔自治区，并且从可持续发展竞争力排序变化的角度来看，2016年与2015年相比，排位上升的14个省份中，上升幅度最大的是辽宁省（9位），其次是河北省（8位）、山西省（8位）、北京市（4位）、贵州省（4位）、宁夏回族自治区（3位）、湖北省（2位）、云南省（2位）、内蒙古自治区（1位）、安徽省（1位）、河南省（1位）[①]，从上述数据资料可以看出市场潜力较大的区域主要集中在中西部省份。因此，虽然中西部省份目前的市场竞争力不高，但其一方面隐含消费需求和发展空间的巨大潜力，另一方面也意味着东部发达地区的传统产业发展已经达到饱和，产业结构调整迫在眉睫，同时由于劳动力成本、资源成本等生产要素的比较优势的发挥，中西部欠发达地区的可持续发展能力逐渐提高，市场购买力逐步释放，发达地区的产业为了开拓市场、提高产品的市场占有率，会在欠发达地区投资，以降低运输和交易成本，并迅速抢占周边地区市场。例如，近年来，越来越多的上海、江苏和浙江的企业选择到欠发达地区投资，提高和欠发达地区企业的协作水平，共同抢占市场。根据《重庆统计年鉴2011》，2010年重庆利用上海、江苏和浙江的项目资金分别为260.4亿元、165.3亿元和304亿元。发达地区的企业市场开拓能力和产品设计能力明显高于重庆地区的企业，成为重庆经济发展的助推器。

（三）政策导向型产业转移

政策导向型产业转移是指基于政府出台的关于产业转移的政策

---

① 李建平、李闽榕主编《中国省域经济综合竞争力发展报告（2016~2017）》，社会科学文献出版社，2018，第21页。

制度，企业根据政策指向以及自身发展战略目标、发展优势而进行区位选择的产业转移过程。政策导向型产业转移模式与其他产业转移模式的主要区别是其更多的是一种政府行政行为，而不是市场经济行为，因此政策导向型产业转移在行政指导的规划下会根据政策性目的的不同而进行相应的具有明确指向的产业转移，具有时间上的持续性和有效性。其带来的社会效应具有混合性质，即既有政府行政手段规划带来的社会效应，也有市场经济变化带来的社会效应。

我国地域辽阔，区域经济发展长期以来都保持着梯度经济发展模式，因此各级政府在制定产业政策以及企业在选择区位的过程中都采取不同的模式，比较典型的产业政策模式包括招商引资模式、山海合作模式、行政分布模式及示范区模式等。

招商引资模式是我国政府主导产业转移的主要模式，也是最常见、最直接的模式。这种政策性产业转移方式主要由政府行政力量主导，通过制定相关土地、税收、生产要素等优惠政策，促进资本和企业的区域流动，提高欠发达地区产业结构调整效率。我国中西部地区在承接产业转移的过程中，地方政府会通过招商引资的方式，建立产业园区或者减免财政税收以吸引东部资源以及劳动密集型企业转移进来。比如河南省淅川县通过开展"项目经济年"活动，在短短的 9 个月时间就签订了 24 个合作项目，合同资金达14.09 亿元；内蒙古自治区制定了"走出去"对口招商和"请进来"促项目落地的承接区域产业转移措施，组成承接区域产业转移招商团，分赴不同地区有针对性地招商引资。

山海合作模式是指经济发达地区对经济落后地区进行经济帮扶，实现产业顺利对接的政策模式。其中"山"指经济欠发达地区即我国中西部省份，"海"指经济发达地区即我国东部省份。山海合作模式主要是通过地方政府之间的合作，在区域经济发展存在梯度差距的条件下促进发达地区产业高效率转移到欠发达地区，实现产业的顺利对接，包括省内合作和省际合作。例如，浙江省实施的"山海协作工程"，就是浙江沿海经济发达地区如宁波、绍兴、温州等市与以浙西南的衢州、丽水等山区为主的欠发达地区相互协作；广东与云南实施的滇粤"山海合作"，两省双边合作既有利于云南省借助承接区域产业转移加强同发达地区的合作和联系，也使广东省能充分利用云南省的能源、原材料优势。

行政分布模式指政府对某些存在环境污染、产能效率低等负面影响的产业进行强制性行政空间分布的产业转移模式。近年来，我国钢铁、电解铝、船舶、平板玻璃、煤炭等行业普遍存在环境压力以及产能过剩的经济利益压力，政府运用产能化解、区位搬迁等行政手段，强制要求其进行行业调整以提高经济效率。

示范区模式是指政府通过在地方建立经济示范区，发挥示范区的自然资源、发展基础、基础设施等优势，并且运用相关行政手段，积极推动体制机制创新以吸引更多的相关产业转移进来，或者通过示范区的带头作用集聚更多的相关产业，产生产业集聚效应以促进地方经济发展。例如2010年1月国务院正式批复《皖江城市带承接产业转移示范区规划》，建立了我国首个国家级承接产业转移示范区，通过示范区的试验探索产业从东部向中西部地区转移的新途径和新模式。继皖江城市带之后，国家又先后批复了广西桂东、重庆沿江、湖南湘南、湖北荆州等国家级产业转移示范区。

政策导向型产业转移的经济数据可以通过省域财政金融竞争力指标反映出来。2016年全国各省、区、市财政金融竞争力处于上游区（1~10位）的依次是北京市、上海市、广东省、江苏省、天津市、浙江省、四川省、辽宁省、新疆维吾尔自治区、山东省。目前我国省域财政金融竞争力较高的区域还是集中在东部地区，但从近两年省域财政金融竞争力排序的变化来看，2016 年与 2015 年相比，排位上升的有 13 个省份，上升幅度最大的是福建省（10 位），其次依次为湖北省（7 位）、青海省（7 位）、新疆维吾尔自治区（6 位）、江西省（5 位）、河南省（5 位）、甘肃省（4 位）、辽宁省（2 位）、浙江省（2 位）、湖南省（2 位）、海南省（1 位）、云南省（1 位）、吉林省（1 位）。此外，在评价期内，一些省份省域财政金融竞争力排位的升降出现了跨区段变化，其中福建省、江西省、青海省、河南省由下游区升入中游区，新疆维吾尔自治区由中游区升入上游区。因此，从排序变化可以看出，尽管目前竞争力较强的省份还集中在东部地区，但中西部地区省域财政金融竞争力潜在增加趋势明显。

三　我国区域产业转移的动态过程

（一）我国区域产业转移发生的经验判断

在分析我国区域产业转移如何影响就业之前，首先要对我国区域产业转移是否发生做一个经验判断，即目前我国区域产业转移是否开始规模化转移，主要是哪些产业在转移，具体转移的区域有哪些。关于此类问题，学术界的研究成果较为丰富，并且产业转移的动态过程并不是本书的研究重点，因此本书主要通过文献研究以及部分数据实证来分析此类问题。

从我国区域产业转移（主要指工业制造业转移）的客观经济环境来看，学者们普遍认为我国产业从东部地区向中西部地区转移的趋势较为明显，特别是东部地区劳动密集型产业的集聚效应已经开始下降。汪彩君、徐维祥等从我国制造业的产出效益角度对我国三大地区制造业 1998 年与 2009 年的投入产出比进行了分析与比较，发现近十几年来，我国东部地区制造业劳动力就业人数和资产投入都存在一定程度的增加，就业人数、流动资产、固定资产投入比例分别由 1998 年的 54.58%、53.23%、57.91%增加到 2009 年的 65.86%、67.77%、57.34%，但其工业总产值以及利润总额占全国的比重反而从 1998 年的 68.89%、79.05%下降到 2009 年的 67.84%、63.61%。反观中西部地区，其劳动力就业人数投入比例从 1998 年到 2009 年都有不同程度的下降，而中西部地区的工业总产值和利润总额比例却都有一定程度的上升（见表 3 - 1）。

表 3 - 1　我国三大地区投入产出比情况

单位:%

年　份	地　区	投入比例			产出比例	
		就业人数	流动资产	固定资产	工业总产值	利润总额
1998	东部	54.58	53.23	57.91	68.89	79.05
	中部	28.12	17.62	23.18	19.34	17.62
	西部	17.30	12.11	18.91	8.28	3.33
2009	东部	65.86	67.77	57.34	67.84	63.61
	中部	21.09	17.70	23.76	19.42	21.79
	西部	13.06	14.54	18.90	12.75	14.60

资料来源：汪彩君、徐维祥、唐根年《过度集聚、要素拥挤与产业转移研究》，中国社会科学出版社，2013，第 69 页。

从上述部分数据描述可以看出我国中西部地区制造业的经济效益开始赶超全国水平，并且增加趋势明显，更值得注意的是我国东部地区制造业的经济效益开始逐步下降。从各类研究也可以发现我国东部地区的生产要素包括劳动力、资本等的集聚程度明显高于中西部地区，因此本书在理论上可以对我国东部地区的制造业集聚程度做出经验判断，即我国东部地区的产业集聚效应开始下降，生产要素过度集聚现象开始显现，其产业向中西部地区转移的趋势较为明显。此外，汪彩君等还通过对过度集聚的具体行业进行识别来判断目前哪些制造业存在空间过度集聚的现象和趋势，以此判断产业转移的行业变化。为了全面反映制造业行业空间集聚状况，他们用流动资产净值年均余额、固定资产净值年均余额、年平均就业人数作为生产要素投入指标，并通过重要性对三项指标分别赋予相应的权重，然后测算出行业的综合规模指数，用产业利润表示收益情况，通过对综合规模指数和利润的散点图做多项拟合，得出产业的收益与规模关系特征图来判断具体行业的集聚程度。其研究结果表明，我国制造业中存在过度集聚趋势的行业有9个，即纺织业、纺织服装鞋帽制造业、皮革毛皮羽毛及其制品业、木材加工及木竹藤棕草制品业、文教体育用品制造业、食品制造业、化学纤维制造业、仪器仪表与办公机械制造业、石油加工与炼焦业，其中以劳动密集型产业为主（5个），其次为资本密集型产业（2个）。[1] 从上述研究成果可以判断出目前我国东部地区的劳动密集型产业存在空间过度集聚的现象，而中西部地区的经济效益正在逐步上升，部分制造业由东部向中西部转移的区域效应明显。

从我国区域产业转移发生的具体事实来看，曲玥、蔡昉等基于1998～2008年中国制造业规模以上企业数据库对我国是否已经存在产业的区域转移即"飞雁模式"进行了经验判断，其中每年企业样本数量在10万～30万[2]，不论从数据数量还是质量都较高程度地反

① 汪彩君、徐维祥、唐根年：《过度集聚、要素拥挤与产业转移研究》，中国社会科学出版社，2013，第71～75页。

② 曲玥、蔡昉、张晓波：《"飞雁模式"发生了吗？——对1998～2008年中国制造业的分析》，《经济学》（季刊）2013年第3期。

映了其研究目的与需求。首先，从劳动密集型产业的资产、产值、就业在东部地区所占份额来看，虽然目前劳动密集型产业仍然集中在东部地区，但从 2004 年以后开始出现转折，其间产值和资产指标都存在先上升后下降的现象，就业指标也存在增长放缓的趋势。其次，从区域劳动力工资成本来看，内陆地区的劳动力成本更具有比较优势，但沿海与内陆地区的工资差距正在逐渐缩小，这是内陆经济赶超发展的结果，其会使劳动力成本上升更为明显。最后，从沿海地区的产业集聚效应来看，通过构建县级水平的产业资产数量决定模型，验证了"飞雁模式"在我国已经出现，并且主要集中在劳动密集型产业，但随着时间的推进，实证分析验证得出决定产业向东部集中的效果正在逐渐减弱，并且投资经营环境成本与劳动力成本都成为产业向东部集聚的负向因素，但成为其向中西部转移的驱动因素，即形成"飞雁模式"。

（二）我国区域产业转移的发展特征

改革开放以来，我国东部地区抓住了世界产业结构调整和国际产业转移的良机，经济得到了飞速发展，同时带动了我国整体经济水平的提高。随着经济一体化和全球化的发展，我国沿海地区的劳动力、土地等要素成本持续上升，资源环境压力逐渐增大，市场经济以及政府层面都对其提出了产业向中西部转移的规划和目标，东部沿海地区自身也提出了产业结构调整以及产业转型升级的要求。对于中西部地区而言，如何顺利做好承接产业转移工作以促进产业结构调整和当地经济的腾飞发展是关键。目前我国区域产业转移主要存在区域性差异特征。

1. 东部发达地区进入工业化后期，产业升级趋势明显

陈佳贵等 2006 年对我国各省份进行工业化进程测算，研究表

明，东部地区的上海、北京已经率先完成了工业化，进入后工业化
阶段，而天津、广东、浙江、江苏已经处于工业化后期，以加工程
度高的加工组装业和技术集约化为主导，而中西部地区的大部分
省、区、市尚处于工业化初期，并且在未来发展阶段中其经济的整
体格局基本不会改变。① 因此，处于后工业化时期和工业化后期的
东部发达地区产业结构升级趋势十分明显。从国际上看，当前国际
产业转移又面临新一轮高潮，这为加快东部地区劳动密集型产业转
移，促进产业升级，实现经济可持续发展提供了难得的机遇。由于
知识经济发展和全球化分工的深化，发达国家的产业结构呈现高度
知识化，使世界产业结构的调整出现新趋势。一是国际分工日益由
产业之间的分工转向部门内部的分工，产业转移重心逐步由传统工
业向新兴工业转变。现代电子信息产业等高新技术产业中的部分生
产环节成为发达国家产业转移的主要内容。二是产业转移的重点领
域逐渐由加工制造业向现代服务业转变。物流、金融、保险、信
息、法律、会展等服务外包行业被放在了产业发展的优先位置，比
重不断提高。因此，随着中国经济在世界经济中的地位不断提高，
国际产业向中国转移的趋势不断加强，资本、技术、知识密集型产
业已经开始转移到东部地区，产业转型升级的要求迫使东部地区不
断进行产业结构调整，主动承接国际产业转移过来的高新技术产
业，同时对原有产业进一步提出技术性要求，不断向外转移劳动密
集型产业，优化本地区产业结构。

2. 中西部地区承接产业转移呈现多元化趋势

首先，从全国经济发展区域布局的变化来看，近期内，生产要

① 陈佳贵、黄群慧、钟宏武：《中国地区工业化进程的综合评价和特征分析》，《经济研究》
2006 年第 6 期，第 4～15 页。

素和部分高新技术产业继续向东部发达地区集中，东部地区将比较优势下降的部分产业向中西部地区转移，全国范围内的产业集中和扩散现象并存。为了更多地承接产业转移，实现自身产业优化升级，中西部地区加快承接科技含量低、劳动和资源密集型产业。从上述经验判断中可以发现，中部地区及部分西部地区的工业增长速度明显超过东部地区，并且在未来相当长一段时间内，由于产业转移的不断推进，中西部地区承接东部地区产业转移的趋势将会更加明显。

其次，承接产业转移的层次不断提高。随着中西部地区市场经济发展环境的不断提升，其承接产业转移的层次将逐步提高，东部地区特别是珠三角地区，产业转移初期以纺织、服装、食品、玩具、皮革等产业最为迫切，而目前电子信息、家电等也在加快向中西部转移，例如深圳市机械、仪表等行业企业外迁较多，其比例占总外迁企业的60%。未来一段时间，低附加值的劳动密集型产业以及部分资本密集型、技术密集型产业转移规模将会进一步扩大。

再次，产业转移承接地区之间竞争激烈。产业转移对承接地区经济增长的拉动效应明显，中西部地区希望借助东部地区产业转移的有利时机，实现中西部地区产业结构调整，都在积极承接沿海转移来的产业，相互之间在项目、资金、优惠政策等方面的竞争激烈。部分中部地区开发区承接东部产业转移力度大，发展水平较高，成为承接转移产业、推动当地经济快速发展的重要力量，中西部区域之间争夺东部转移产业的竞争日益激烈。

最后，部分地区实施反梯度承接策略。面对各承接地区相互之间的激烈竞争以及产业转出地政府阻力，中西部部分城市高起点地谋划承接发达地区产业转移的目标和定位，除了承接传统产业之外，注重对新兴战略性产业的引进和培育，积极创造条件，承接较高层次的产业转移，避免在承接过程中落入跟随发展的负面环境中。例如合肥市引进京东方合建6代液晶面板生产线，并将后续引入第8代液晶生产线，以建成中部地区最大的平板显示产业基地。

3. 产业流失现象成为我国产业转移过程中的新问题

东部地区劳动力、土地等生产要素成本上升已成为不争的事实，但随着我国劳动力流动的不断加强，以及全球经济一体化的发展，我国整体劳动力等生产要素成本同样每年都在递增，特别是农民工工资以及全国范围内的最低工资水平在不断增加，这无疑给劳动力密集型产业带来了更大的压力，它们即使从东部地区转移到中西部地区，也不能弥补劳动力成本上升带来的经济利益损失，因此这些产业中的部分企业将会进行海外迁移，寻找劳动力成本更低的国家和地区，比如广东东莞部分制鞋厂迁往东南亚。对于我国产业发展而言，这些企业的海外迁移将会导致我国部分产业流失，经济损失是其一，更为重要的是，这些企业大都属于劳动密集型企业，其吸纳就业的能力和功能会随着企业的外迁而消失，而其释放的低端劳动力（农民工）由于知识技术水平的限制，尚不能满足高技术企业的需求，因此这部分群体的就业问题成为社会民生问题之一。产业流失的原因有很多，劳动力成本是主要因素，这与我国最低工资不断调整以及整体社会平均工资不断提高有关，既是政府行政行为效应，也是社会经济发展的必然结果。

第二节　区域产业转移就业效应的一般机制

本节主要根据上述理论模型来分析不同产业转移模式对劳动力市场的影响机制。

一 要素投入 - 就业总量影响效应

要素导向型产业转移对产业转出地和转入地的劳动力就业影响是不同的，在此不做分开讨论，而是从要素导向型产业转移的整体性来看其对劳动力市场的影响，并且主要从劳动力成本即工资、资本及技术的角度来分析要素导向型产业转移对就业的影响效应。

（一）劳动力成本 - 就业总量影响效应

假设只存在地区 1 和地区 2，地区 1 属于初始劳动密集型产业集聚区即发达地区，而地区 2 属于欠发达地区，两地的劳动力工资存在差异，分别为 W_1 和 W_2。以横轴为劳动力数量、左右纵轴为地区 1 和地区 2 的工资水平、曲线 W_1 和 W_2 分别为地区 1 和地区 2 劳动力工资与劳动力数量的关系建立劳动力成本导向型产业转移对劳动力就业影响的理论模型（见图 3 - 2）。在初始阶段，产业会由于地域优势在地区 1 进行集聚，形成规模效应，但当某产业发展需要的环境不断发生变化时，支持该产业发展的生产要素成本也逐渐发

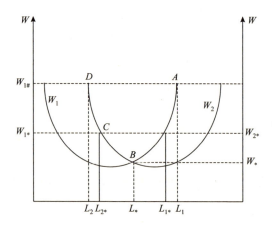

图 3 - 2 劳动力成本导向型产业转移对劳动力
就业影响的两地区理论模型

展变化，即 W_1 逐渐增加，并且与地区 2 的工资差距越来越大，在理论模型中表现为地区 1 劳动力的初始工资为 $W_{1\#}$ 即 A 点，地区 2 的劳动力工资水平为之前两地区的工资均衡点 B 即 W_*，并且劳动力数量在初始阶段由于地区 1 的工资高而逐渐聚集在地区 1 即为 L_1，而地区 2 为 L_*。

当地区 1 的劳动力成本逐渐成为该地区产业发展的障碍时，地区 2 的低劳动力工资水平吸引地区 1 的产业逐渐进行产业转移。当产业转移到地区 2 时，B 点沿着 W_2 逐渐向 D 点移动，而地区 1 的劳动力工资水平 A 也会由于需求以及劳动力供给的下降而沿着 W_1 向 B 点移动。此时，对于地区 1 而言，产业转出会造成一定的就业挤出效应，即 L_1 向 L_* 靠拢，劳动力就业逐渐减少；对于地区 2 而言，承接地区 1 的产业转移将直接扩大当地的劳动力就业，即 L_* 向 L_2 靠拢。在地区 1 劳动力工资下降以及地区 2 劳动力工资上升的过程中，两地区的工资水平将会在 C 点达到平衡，但此时产业转移并不会停止，因为由于产业的市场关联性以及劳动力流动的趋利性，当一定的产业聚集在地区 2 时，其市场需求的扩大以及上下游产业链的相关性会使其聚集效应吸引更多的企业或者产业聚集在地区 2，此时，地区 2 的劳动力工资水平将会继续上升至 D 点，地区 1 的劳动力工资水平将会继续下降至 B 点。当地区 2 的劳动力工资水平的上涨逐渐成为产业发展的障碍时，产业转移也将会在地区 2 展开，并且逐步转移到工资水平较低的地区 1。此理论模型主要描述劳动力密集型产业转移对劳动力数量的影响，包括就业的直接增长与就业挤出效应。对于资本、技术等其他密集型产业，其对就业的影响也会带来就业的直接和间接拉动效应。

从我国产业转移的具体实例来看，近年来，成都作为我国西部地区承接产业转移的主要力量和西部特大中心城市，其在产业基础、要素成本、土地和区位等方面拥有比较优势，在全国发展大局中的战略地位更加重要。因此，近年来，成都通过发挥自身优势和创造比较优势，选择性地承接东部发达地区转移的产业，从而在调整自身产业结构的同时，带来了就业形势的新变化。从劳动需求来看，成都承接产业转移为成都创造了更多的就业岗位。2012～2016年，人力资源市场持续保持需求大于供给的态势。2012～2016年的求人倍率分别为1.01、0.99、1.19、1.17、1.13，同时成都市近五年累计新增就业人员超过485万人，累计城镇失业人员再就业137.01万人。[①] 特别是成都引入富士康企业后，仅富士康成都厂区就容纳就业人员16万人。[②]

（二）资本技术－就业总量影响效应

在资本投入、技术进步的产业转移所带来的就业总量影响效应，即资本密集型和技术密集型产业转移的就业效应方面，对于产业移出地区而言，通过对衰退产业的转移或者产业技术的发展，其劳动力得到释放，劳动力的失业风险增加，但同时产业得到升级，其进一步吸纳劳动力的能力也得到增强。因此，资本投入和技术发展所带来的产业转移在产业转出地的就业总量影响效应方面主要表现为其对就业的替代和促进效应。替代效应是指因产业转移、本地区生产活动减少、机器等资本替代劳动而导致的就业机会的流失，而促进效应是指产业转移引起的产业转型升级所带来的本区域内就业机会的增加，既包括产业转移所引致的中间产品、相关产业和服务所产生的就业机会的增加，也包括由于产业升级所引致的高技能

---

① 《2016～2017年成都市人力资源市场报告》，成都市人力资源和社会保障局，内部资料。

② 莫荣：《我国产业转型升级对就业的影响——成都调研报告》，国际劳工组织合作项目，2013，内部资料。

劳动力就业机会的增加。对于产业承接地而言，外来投资和技术型产业的进入将会为当地劳动力市场带来更多的就业机会，对于缓解承接产业转移地区的就业压力有相当重要的意义。欠发达地区大多具有劳动力要素充裕而资本稀缺的特征，解决这一问题的根本途径就在于积累更多的资本要素以吸纳过剩的劳动力。承接产业转移地区通过直接或者间接投资的方式，带动其经济增长进而对就业总量产生影响，此过程具有长期性，外商投资通过资本积累、技术扩散、制度变迁等效应促进当地经济发展，带来总需求的增加，促进承接地区内的投资规模扩大，进而提供新的就业机会。其表现为索洛模型以及乘数理论。

$$\Delta Y = A\,L^{\beta}\big[\,(K + \Delta K)^{\alpha} - K^{\alpha}\,\big]$$

根据凯恩斯的乘数理论，ΔY 最终对经济生活产生的影响是 $\omega \Delta Y$，乘数 ω 为：

$$\omega = \frac{1}{1 - c + ct - i + m}$$

其中，c 为边际消费倾向，t 为边际税率，i 为边际投资倾向，m 为边际进口倾向。

进而将 $\omega \Delta Y$ 带入生产函数，$\omega \Delta Y$ 的产出所需要的劳动力 L 为：

$$\omega \Delta Y = A\,(K + \Delta K)^{\alpha}\,L_{x}^{\beta}$$

$$L_{x} = \omega^{\frac{1}{\beta}} L \left[\, 1 - \frac{1}{\left(1 + \dfrac{\Delta K}{K}\right)^{\alpha}} \,\right]^{\frac{1}{\beta}}$$

进而求出 L 的变化率为：

$$\frac{\Delta L}{L} = \frac{L_{x} - L}{L} = \omega^{\frac{1}{\beta}} \left[\, 1 - \frac{1}{\left(1 + \dfrac{\Delta K}{K}\right)^{\alpha}} \,\right]^{\frac{1}{\beta}} - 1 \qquad (3-1)$$

通过公式（3-1）可以发现，从宏观视角来看，产业承接地区的就业增加主要取决于乘数和资本增加率两个指标，并且呈正相关关系，因此从长期来看，对承接地区的产业投资有利于其劳动力就业的迅速增加。

资本转移以及流动过程中劳动力的变化（主要是劳动收入的变化）可以通过麦克杜格尔（G. D. A. MacDougall）模型来进行分析。此模型的最初目的是从经济学角度研究资本流动即对外投资的有关效果，他认为资本在国际自由流动之后，将使资本的边际生产力在国际上平均化，从而提高世界资源的利用率，增进全世界的生产和各国的福利。通过该理论模型本书建立了两地区资本流动效果理论模型（见图3-3）来分析其对劳动力的影响。

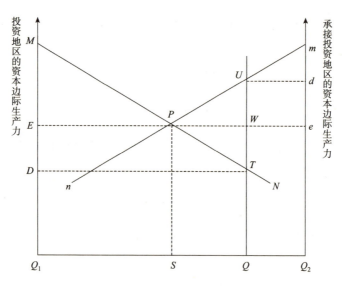

图3-3 资本流动对劳动力收入影响的两地区理论模型
注：笔者根据麦克杜格尔模型绘制。

假设只存在投资地区（Ⅰ区）和承接投资地区（Ⅱ区）两个地区，资本流动之前，投资地区资本丰富，由于资本边际生产力递减的原则，其资本的边际生产力低于承接投资地区，同时假设在两地区实行完全竞争，资本的价格设定等于资本的边际生产力。在图 3-3 中，Q_1 为投资地区的资本量原点，Q_2 为承接投资地区的资本量原点，纵轴为资本的边际生产力。在资本流动之前，投资地区的资本量为 Q_1Q，承接地区的资本量为 Q_2Q。MN 为投资地区的边际生产力曲线，mn 为承接投资地区的边际生产力曲线。在资本流动之前，投资地区使用 Q_1Q 的资本与一定量的劳动力，生产了 Q_1MTQ 的产品，资本收入为 Q_1DTQ，劳动收入为 DMT（劳动收入等于生产量与资本收入的差额），承接投资地区生产了 Q_2mUQ 的产品，资本收入为 Q_2dUQ，劳动收入为 dmU。由于承接地区的资本稀缺，并且资本的边际生产力比投资地区高（$QU > QT$），因此投资地区的资本开始逐渐向承接投资地区转移，两地区资本的边际生产力逐渐达到均衡点 P，此时投资地区的资本收入 = 本地区的资本收入 Q_1EPS + 地区外的资本收入 $SPWQ$，比原来的资本收入增加了 $DEWT$，而对劳动力的影响方面，其资本流入承接投资的地区后，投资地区的劳动收入为 EPM，比原来减少了 $DEPT$，其被分配给资本，产生了不利于劳动、有利于资本的影响。而承接投资地区的情况与此相反，承接投资地区的原有资本收入由 Q_2dUQ 减少到 Q_2ewQ，减少了 $eduW$，而劳动收入由 dmU 增加到 emP，增加了 $edUP$，即承接投资地区在接受其他地区的资本流入后，其本身的资本收入会受到一定的负面影响，但产生了有利于劳动的影响。

此外，在对要素导向型的产业转移对劳动力市场的影响进行研究分析的时候，还需要注意产业转移对就业结构的影响，分析其对不同种类劳动力的影响。劳动密集型的产业转移，其产业主要转移到劳动力丰富的地区，产业对劳动力的技能要求不高，因此劳动密集型的产业转移对低端劳动力的影响较大，即在承接产业转移的地区，劳动密集型产业转移对劳动力的影响表现为其对低端劳动力就业量的直接扩大效应，而在产业转出地区，劳动密集型产业转移将直接对大部分低端劳动力产生挤出效应。而资本或者技术密集型产业对劳动力技能水平要求较高，因此此类要素导向型产业转移对高端劳动力市场的影响较大，对于产业转出地区而言，资本或者技术密集型产业转移会带来产业结构的升级和结构性调整，因此需要更多的熟练劳动力来配合资本或者技术的提高，因此对高端劳动力的拉动作用明显；对于承接产业转移的地区而言，资本或者技术密集型的产业转移也会带来高端劳动力的回流与注入，调整劳动力市场结构，增加高端劳动力的需求。

二　比较优势－就业结构调整效应

区域产业转移不仅会对劳动力市场的就业总量产生影响，而且对不同地区的劳动力市场的就业结构影响效应也不尽相同，主要表现在劳动力在产业间的转移和不同比较优势下就业结构的变化。在产业转移对就业结构影响方面，其主要利用地区之间比较优势的不同，发展符合自身比较优势的产业，进而带动劳动力就业结构的变化。

（一）二元结构与劳动力产业间转移

早在 17 世纪末，英国古典经济学的创始人之一威廉·配第就注意到不同产业间具有收入的差异以及由此引起的劳动力就业结构的变化。他在《政治算术》一书中指出，从事制造业要比从事农业、从事商业要比从事制造业得到更多的收入，因此劳动力会从农业向制造业进而向商业进行转移。1940 年，英国经济学家柯林·克拉克在《经济进步的条件》一书中首次采用三次产业的划分方法，并通过实证分析总结劳动力在三次产业间转移变化的规律与原则，其认为随着经济发展和人均收入水平的提高，劳动力会逐步从第一产业（农业）向第二产业（工业）和第三产业（服务业）呈阶梯式转移。因此，"配第－克拉克定理"成为产业结构变化对就业结构变化影响的基础理论框架。

城乡劳动力的二元结构是中国近年来发展过程中最突出的劳动力市场结构特点，因此在理论上，本书主要以城市和农村两部门为理论分析基础，就业结构变化以农村剩余劳动力和城市劳动力两类群体为全部劳动力市场结构特征。如图 3－4 所示，以两部门为例，并且以刘易斯模型为基础理论模型，假设只存在城市和农村两个部门，左 $X-Y$ 坐标轴为城市劳动力需求曲线，表现为 D_u，右 $X-Y$ 坐标轴为农村剩余劳动力需求曲线，表现为 D_r。在初始阶段城乡劳动力需求曲线 D_u 与 D_r 相交使城乡劳动力工资处于均衡状态，此时城市劳动力为 $L_u L_1$，农村劳动力为 $L_r L_1$，其相交均衡点决定了城乡劳动力工资处于相同水平即 $W_u = W_r$。当产业转移逐渐在城市发展起来后，随着城市规模经济不断扩大，城市工业化对劳动力的需求逐步提高，即 D_u 曲线向上方移动，达到 D_{u*}。此时，如果农村劳动力需求曲线不改变，那么城市工业化的进程将会提高其内部劳动力工资水平，进而吸引农村劳动力转移到城市的工业部门就业，城市劳动力规模扩大，农村剩余劳动力减少。但随着社会经济的发展，农业部门的生产技术水平不可能是一成不变的，其生产效率会随着经济发展不断进步，因此随着农业技术的进步，农业劳动力生产率提高导致农村劳动力需求下降，即 D_r 曲线下降至 D_{r*}。因此，下降的农村劳动力需求曲线 D_{r*} 与上升的城市劳动力需求曲线 D_{u*} 再次相交达到均衡，在工资 $W_u = W_r$ 保持不变的基础上形成新的城乡劳动力资源配置格局，即农村剩余劳动力为 $L_r L_2$，城市劳动力为 $L_u L_2$。在此模型中，城市工业化的不断发展主要是依靠工业产业在地区间的不断转移而实现的，因此规模日益增长的产业转移会带来城市化效应的增加，进而改变城乡劳动力就业结构，日益扩大的城市劳动力需求不断吸纳因农业生产率不断提高所形成的农村富余劳动力，一直到农村富余劳动力消失。

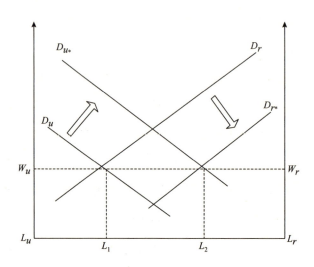

图 3 - 4 城乡两部门劳动力资源配置理论模型
注：笔者根据刘易斯二元经济理论制图。

上述模型描述了城乡劳动力在产业之间的转移最终会带来保持不变的工资水平，即产业转移所带来的就业结构变化是在相同的工资水平下实现的。但实际上，根据托罗达模型，从农村转移到城市的大量富余劳动力会在城市造成大量失业的现象，并且，城市工资比均衡工资高很多或者存在城市制度工资等情形（见图 3 - 5）。因此劳动力从农业部门向工业部门转移并不能消除城乡之间的工资差别，同时，城市吸纳的就业量低于均衡水平的要求，即产生一定的差额（$L_{1*}L_2$）。

（二）部门偏向、技能偏向与就业结构调整

本书在对区域产业转移进行分析描述时，假设产业转移只是资

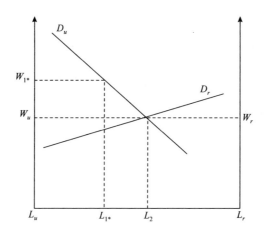

图 3 - 5　哈里斯 - 托罗达劳动力迁移模型
注：笔者根据哈里斯 - 托罗达劳动力迁移理论制图。

本和劳动力的转移，产业转移在转移过程中主要是不同类型资本与不同类型劳动力的结合。因此，本书提出产业转移的部门偏向和技能偏向概念。部门偏向的产业转移指不同类型的产业部门的转移，可分为劳动密集型、资本密集型以及技术密集型产业转移。技能偏向指产业转移对劳动力技能的需求类型偏向，即劳动密集型产业转移主要以低技能劳动力需求为主，而资本以及技术密集型产业转移大多需要中高技能以上的劳动力。因此，区域产业转移的部门偏向以及技能偏向将直接导致地区劳动力市场的就业结构变化（见图 3 - 6）。从典型事实来看，中国从 20 世纪 80 年代中期就开始承接发达国家的产业转移，其部门偏向主要是制造业的产业转移即以劳动密集型和资本密集型为主，这使中国在后期迅速成长为"世界制造工厂"，并且其对劳动力的需求即技能偏向为"蓝领"和低技能劳动力，因此从 20 世纪 90 年代开始，中国农村的大部分富余劳动力作为该技能偏向的主要劳动力群体，开始从中西部向东部转移，劳动力逐渐从农业部门释放出来，进入工业部门，就业结构与产业结构相一致。而印度在当时主要从发达国家承接的则是软件、服务业的产业转移，并且获得"世界办公室"的美誉，其技能偏向于"白领"和高技能劳动力，大部分劳动力开始进入第三产业。因此从上述两类典型事实可以发现，产业转移的部门偏向和技能偏向是因地域比较优势不同而产生的，并且直接影响其劳动力就业结构形式，即中国和印度的不同类型的劳动力供给以及承接的不同产业类型直接影响当地的劳动力市场结构。

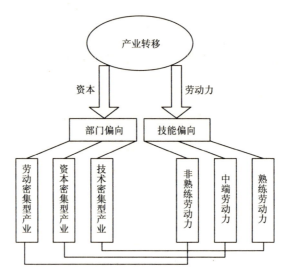

图 3 - 6　产业转移的部门偏向、技能偏向对就业结构的影响

从我国的区域产业转移来看，目前产业开始大规模地从东部向中西部转移，虽然转移的产业主要以制造业为主，但产业转出地和产业转入地的产业转移部门偏向、技能偏向不尽相同。我国东部地区制造业等劳动－资本密集型产业的转移会优化其本身的产业结构，更多高端制造业、技术密集型产业以及金融服务业等部门偏向的产业将会进驻东部地区，劳动力的技能偏向以熟练和高技能劳动力为主。而中西部由于承接东部地区转移出来的以劳动和资本密集型部门偏向为主的产业，其劳动力技能偏向以非熟练、低工资的低技能劳动力为主。因此，东部地区的第二、三产业的劳动力就业比例将会增加，而中西部地区的第二产业劳动力就业比例将会增加，农村劳动力回流现象明显。

　　从理论模型表现来看，如图 3－7 所示，*MN* 为产业转移区域（承接区或者转移区）的生产可能性曲线。以承接区为例，假设其只拥有熟练劳动力和非熟练劳动力两种类型的劳动力，*A* 点为承接区在自给自足的经济能力和条件下的生产均衡点，此时承接地区的消费无差异曲线为与该地区的价格曲线 P_1、生产可能性曲线 *MN* 相切的曲线 *I*。由于承接区域非熟练劳动力供给的比较优势，其承接产业转移的趋势越来越明显，并且逐渐开始集中承接低技能劳动密集型产业，非熟练劳动力的吸纳量开始增加，此时承接地区的生产均衡点由 *A* 点向 *B* 点转移，其消费无差异曲线由曲线 *I* 上升到曲线 *II*，承接地区的消费水平增加，并且社会福利水平得到改善。当承接地区的非熟练劳动力的就业得到扩展，该地区偏向于承接更多的劳动密集型产业进行相关产品的生产，生产均衡点继续向 *C* 点转移，

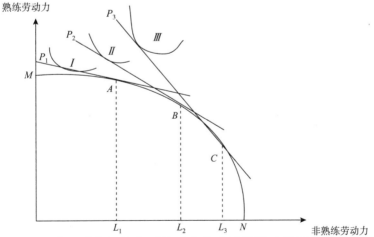

图 3－7　承接区域产业转移对劳动力就业结构影响的两地区理论模型

　　注：笔者根据任志成《国际产业转移的就业效应研究》（经济科学出版社，2012，第111～112 页）中关于产业承接国家在承接相关产业转移过程中劳动力就业结构变化的理论模型制图。

其消费无差异曲线上升到曲线Ⅲ，非熟练劳动力就业继续得到扩展，社会福利水平进一步得到改善。该模型同样适用于产业转移区域熟练劳动力或者高技能劳动力的扩展和当地社会福利水平的改善。此模型的主要研究目标是在理论框架上形成产业转移对不同结构劳动力的影响。

三 资本技术－劳动力就业技能提升效应

人是产品生产过程中最基本的生产力。工具、资本与自然资源的组合及效用的发挥都是由人掌握的。劳动力就业技能的高低，决定了工具、资本和自然资源的利用效率。从第一次产业革命开始，高技能劳动力如技术工、工程师与一般纯体力劳动者在生产中的作用差异就直接表现出来了，就业技能有了层次之分，低级形态的劳动力仍然以体力形式出现，而高级形态的劳动力则是以智力、技术等形态表现出来。产业转移从本质上来说是资本的扩散，但从转移形态上来看，是资本与技术的转移，因为资本的转移必然会带来企业本身原有的先进技术和该技术的人员的转移，此时技术溢出效应就成为产业转移中附带的福利效应，当地在接受新技术后其整体技术水平将会得到提升。但对于承接区域而言，技术水平的提升不一定会真正发生，因为如果产业转移所带来的技术溢出效应没有相关劳动力来接受或者进行学习，那么承接区域的技术水平将仍然处于原有的技能水平，即"打工经济"的循环往复。因此，为避免"打工经济"出现，研究产业转移对劳动力就业技能的影响具有重要的现实意义和理论意义。本小节主要在上述对劳动力进行高技能、低技能劳动力分层的基础上，深入讨论区域产业转移对产业承接区域劳动力就业技能的可能促进作用及其理论实现机制。

（一）劳动力生产要素的分类

马克思把劳动分为简单劳动和复杂劳动。简单劳动是指没有经过专门的学习和训练的人能够胜任的劳动。复杂劳动是指需要经过专门训练和学习，具有一定的技能和知识才能从事的劳动。随着经济的发展，复杂劳动的比重不断上升。以专业化分工的角度来看，一种最终产品之所以区别于其他产品，在于生产这种产品的过程中存在某些特殊的投入，该投入可以是有形的专有性资产投资，也可以是无形的人力资本投资，尤其在分工日益专业化和细密的时代，后一种类型的投资逐渐得到社会的关注和研究。亚当·斯密在其著作《国富论》中写道："在劳动分工的过程中，绝大部分靠劳动谋生的人，即大部分人口，他们的职业局限于几个——常常为一到两个——非常简单的操作上……因此，他对自己特殊的业务的娴熟是以牺牲脑力、社会能力和作为男人而具有的能力为代价的。但是，在每一个进入的文明社会中，除非政府花力气防止，否则，这将是辛勤的穷人——也就是大部分人口——必然要陷入的境地。"亚当·斯密的观点具有卓越的洞察力，对于工商企业来说是非常有意义的，这就促使他们足够重视人力资本投资。亚当·斯密在《国富论》中指出了建立在绝对优势基础之上的国际分工的利益，并且认为一国的绝对优势来源于一国的自然禀赋的优势和后天的教育优势。因此劳动力是不同质的，这是本小节分析产业转移对劳动力就业技能影响的基本理论认识。

20 世纪 30 年代奥林在《地区间贸易和国际贸易》一书中提出要素禀赋理论，并对劳动力要素进行了详细的分析。奥林指出："劳动迄今一向被认为是一种生产要素……可是不能忽视各种不同的劳动组群完成不同的工作，得到不等的工资，以及个人从一个组群到另一个组群的流动是不自由的，也是不容易的。这样的劳动族群不该认为是不同的生产要素吗？""拥有大量高技能劳动力的国家就能够比其他国家生产出价格较为低廉的工业品。能够提供足够受过良好教育，而接受的工资又比非熟练劳动力的工资高出不多的劳动者的国家——在其他国家他们会得到两倍或三倍于非熟练工的工资——可在需要大量熟练劳动的那些工业中取得优势。简言之，一个国家里各种劳动组群的工资差别如果持续一段很长的时间时，这些不同的劳动组群，就如同不同质量的土地一样，可以被认为是不同的生产要素。"① 此外，奥林还进一步对劳动力的类型进行了区分，即非熟练工、熟练工以及技术工。因此，在奥林的理论中，不同国家劳动生产率相同的假定不是指各国劳动力是同质的，而是将不同类型的劳动力的劳动作为不同的生产要素进行处理。

波特在其经典的钻石模型中，把国家竞争力的要素分为基本要素和推进要素。按照这一维度，简单劳动力属于基本要素，是被动继承的，需要较少的或者不那么复杂的私人投资和社会投资。由于科学技术的发展，社会对基本要素的需求逐渐减少，因此靠简单劳动力获得竞争优势难以持久。推进要素才是竞争优势的长远来源。而高级的人力资源是推进要素的重要组成部分，需要长期对人力资本投资才能得到。从这一角度出发，波特强调就业技能提升过程可能是非自然演化过程，国家、企业对就业技能提升的重视可能会加速这一过程的实现。

（二）资本－技能互补的劳动力就业技能提升效应

对于劳动力就业技能提升效应而言，本书对其主要表现方式定

---

① 〔瑞典〕贝蒂尔·奥林：《地区间贸易和国际贸易》，王继祖等译，首都经济贸易大学出版社，2001，第60~62页。

义为就业技能结构的提升，即高技能劳动力需求的增加以及劳动生产率的提高。因此，资本投资于劳动力就业技能主要体现在其互补效应，拉动高技能劳动力的需求增加，进而优化劳动力就业技能结构，并且提高劳动生产率即单位劳动力所占有的资本量，通过资本投资来带动劳动力就业技能的提升。

1. 资本 - 技能劳动力需求变化

理论上关于资本投资、全球化与劳动力就业技能的关系研究较多，但仍然存在一定的争议性，并且更多的文献是从国际产业转移或者 FDI 流入的角度来进行相关研究的。Feenstra 和 Hanson 的研究表明，当发达国家的部分生产阶段向发展中国家转移时，其过程中产生的社会分工会对劳动力的技能素质提出更高的要求，因此高技能劳动力的需求会呈增长趋势。[①] 在此基础上，Falzoni 和 Tajoli 进一步通过实证研究方法验证了外包对意大利技能劳动力就业结构的影响，他指出，意大利的外包行为对劳动力就业技能结构的影响具有行业差异性，外包可以逐步提升技术密集型产业的劳动力技能结构，即其高技能劳动力的需求会增加，而外包对于意大利的非技术密集型产业（例如劳动力密集型产业）的劳动力就业会产生负面影响。[②] 从国内学者的研究来看，谢光亚和陈春霞从 FDI 对就业技能结构影响的角度对 1986～2002 年北京市就业结构进行了实证分析，其研究表明，在这一时间段内，外资对北京市就业结构的影响主要表现在从业人员数量的增加和劳动力素质技能的优化，其中高技能

---

① Robert C. Feenstra and Gordon H. Hanson, "Foreign Investment, Outsourcing and Relative Wages," in R. C. Feenstra, G. M. Grossman and D. A. Irwin (eds.), *The Political Economy of Trade Policy*, Papers in Honor of Jagdish Bhagwati, 1996, pp. 89 - 127.

② A. Falzoni and Lucia Tajoli, Offshoring and the Skill Composition of Employment in the Italian Manufacturing Industries, KITeS Working Papers 219, KITeS, Centre for Knowledge, Internationalization and Technology Studies, 2008.

劳动力需求的增加是提升劳动力就业技能的关键。[①] 殷德生等学者从发展中国家的角度解释了 FDI 通过其竞争和技术溢出等效应对其最终产品部门、中间产品部门以及研发部门高技能劳动力相对需求变化的影响。[②] 而周艳梅与 Falzoni 和 Tajoli 的研究结果类似，她认为 FDI 的流入将会对技术密集型产业的劳动力就业结构进行优化，即高技能劳动力需求将会增加，并且存在从内资企业流向外资企业的情况，而对于劳动密集型产业，FDI 会对其劳动力就业结构产生负面影响。[③] 因此，从现有研究来看，资本对劳动力技能的提升在理论上和实证上都已经形成一套较为全面的体系。对于我国而言，作为世界上主要发展中国家之一，我国地域辽阔、人口众多等国情决定了其产业转移应具有中国特色，随着目前我国"民工荒"和"就业难"并存的就业难题的出现，资本对劳动力就业技能结构的影响研究具有重要的理论和现实意义，资本投资作为我国区域产业转移的主要形式之一，随着资本深化程度的加深，资本对劳动力的技能要求也进一步提高，高技能劳动力需求的变化是反应劳动力技能水平的重要维度，因此可以从理论模型来看我国区域产业转移在资本与低、高技能劳动力需求相关性方面的变化（见图 3-8、图 3-9），并且不论是低技能劳动力还是高技能劳动力，其总量变化都呈倒 U 形曲线。

对于技能要求较低的产业转移在劳动力技能结构方面的变化而言，主要以劳动密集型产业为主，并且主要以低技能劳动力为主，其供给大于需求，因此，技能要求较低的产业转移在地区的投资将直接

---

① 谢光亚、陈春霞：《利用外资对北京市就业的贡献》，《北京工业大学学报》（社会科学版）2005 年第 3 期，第 45~50 页。

② 殷德生、唐海燕、黄腾飞：《FDI 与中国的高技能劳动需求》，《世界经济》2011 年第 9 期，第 118~137 页。

③ 周艳梅：《FDI 对我国制造业就业结构的影响》，《技术经济与管理研究》，2011 年第 11 期，第 68~72 页。

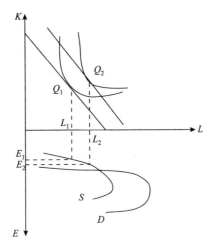

图 3 - 8　技能要求较低的产业转移投资对低技能劳动力需求的变化

注：笔者根据刘渝琳等《劳动力异质性、资本深化与就业——技能偏态下对"用工荒"与就业难的审视》（《财经研究》2014 年第 6 期，第 95 ~ 98 页）中的要素替代与生产均衡关系理论制图。

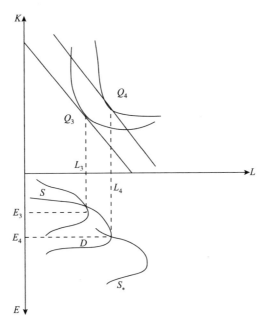

图 3 - 9　技能要求较高的产业转移投资对高技能劳动力需求的变化

注：笔者根据刘渝琳《劳动力异质性、资本深化与就业——技能偏态下对"用工荒"与就业难的审视》（《财经研究》2014 年第 6 期，第 95 ~ 98 页）中的要素替代与生产均衡关系理论制图。

带动低技能劳动力的需求量，其对低技能劳动力的吸纳能力较强。如图 3-8 所示，假设（1）产品市场完全竞争，$w = Y/L$，$r = Y/K$；（2）劳动力供给存在异质性；（3）劳动力供需不均衡，随劳动者学历的变化表现为供大于求或者供不应求两种情况；（4）生产成本函数为 $M = wL + rK$，利率不变且资本是自由流动的；（5）技能偏向型产业对劳动力技能的要求不同，劳动密集型产业要求较低，资本或技术密集型产业要求较高，但转移方式都以投资为主。第四象限纵轴为产业对劳动力的技能要求水平。在初始阶段，产业对劳动力技能要求较低即为 E_1，并且产业的生产均衡点为 Q_1，低技能劳动力供给大于需求，L_1 的低技能劳动力得到就业。当技能要求较低的产业转移并且资本进行自由流动后，其技能要求水平并没有提升过多，E_2 几乎与 E_1 相等，随着廉价劳动力的使用和资本产出比的提高，并且生产成本和生产均衡点都由于资本投资而向右上方扩展，Q_1 上升到 Q_2，低技能劳动力的缺口 L_1L_2 由于其供给大于需求而继续被低技能劳动力填补，因此，在劳动力技能结构上，技能要求较低的产业转移通过资本投资形式会带来低技能劳动力就业的扩展，这种方式解决了剩余劳动力的就业问题，但技能提升效应不大。

对于技能要求较高的产业转移在劳动力技能结构方面的变化而言，主要以资本及技术密集型产业为主，并且主要以高技能劳动力为主，其供给小于需求，并且体量不大。因此，技能要求较高的产业转移在地区的资本投资将会改变高技能劳动力的需求结构，并且由于其供给量不足，会产生"民工荒"和"就业难"并存的社会就业问题，但如果增加高技能劳动力供给，则产业转移的就业技能提升效应将会明显。如图 3-9 所示，理论假设与图 3-8 一致。对于高技能劳动力而言，产业技术对其技能要求使其供给量相对于低技能劳动力较少，因此在产业转移之前，其生产均衡点为 Q_3，所需要的劳动力为L_3，技能要求为E_3，相对于E_2较高，并且在此时，该技能要求水平的劳动力供给与需求达到均衡和饱和。当产业转移以资本投资的形式发生时，技能要求较高的资本要求劳动力的技能水平达到E_4，此时理论上的生产均衡状态为Q_4，劳动力就业为L_4，但由于高技能劳动力供给量不足，其资本深化所带来的高技能劳动力需求会增加，进而带来劳动力就业缺口L_3L_4，由于一般劳动力技能水平达不到E_4，因此缺口造成"就业难"的现象。而与图3-8不同的是，该就业缺口是由结构性失业造成的，并不能继续通过资本投资用低技能劳动力来填补，并且由于原来资本的深化和转移，图3-8的原有低技能劳动力由于产业转移带来的岗位缺失或者低工资而离开，进而造成"民工荒"现象的产生。

但从现实情况来看，由于目前我国更加关注经济质量的发展、人力资本投资的改革和人力资源质量的提高，我国高技能劳动力的供给量逐步增加。在理论上，高技能劳动力供给的增加将如图3-9所示，即从S增加到S_*，此时劳动力的技能水平不仅符合产业资本的技术要求，同时在劳动力就业的技能结构方面，高技能劳动力供给和需求的增加会带来整体就业技能的升级效应。

2. 资本-劳动生产率变化

劳动力就业技能提升除了高技能劳动力需求的增加，还有一个主要的衡量维度即劳动力熟练程度的增强，衡量劳动生产率的最好指标为单个劳动所占用资本量。根据奥地利学派经济学家的观点，当生产过程经过再组织而变得更加迂回化时，劳动生产力将得到提高。迂回化的结果导致劳动和资本变得更加专业化。[1] 此学派提出生产过程的专业化和高级化与人均资本的增加相关。因此对于我国

---

① 任志成：《国际产业转移的就业效应研究》，经济科学出版社，2012，第122页。

区域产业转移而言，在其资本跨区域流动的情况下，资本投资不仅促进了欠发达地区劳动密集型产业的发展，而且资本和技术密集型产业在降低资本成本与劳动力成本的条件下，也可能从发达地区向欠发达地区转移，加之劳动力的资本驱动型，欠发达地区的劳动力供给会增加，与丰裕的外来资本相结合，不仅降低了成本，而且单位劳动占有资本增多，劳动生产率提高，最终达到劳动力就业技能提升效应。

以下从理论模型的角度来分析资本投资对劳动生产率变化的影响。以资本密集型产业和劳动密集型产业两类为研究对象，假设只存在发达地区和欠发达地区，并且只生产两种产品，即 X 产品为资本密集型产品，Y 产品为劳动密集型产品，同时假定劳动力和资本是可替代的。对于资本密集型产业所生产的产品 X，其在欠发达地区若按照当地要素价格生产，其成本将超过发达地区，因此欠发达地区生产产品 X 不具有比较优势。但如果资本可以跨区域流动，那么发达地区的产业资本则会在成本优势条件下（即欠发达地区的资本收益率大于发达地区）会转移到欠发达地区，并且与其劳动力相结合，同时允许一定的劳动对资本进行替代，此时欠发达地区的 X 产品的生产成本将会大大降低。如图 3 - 10 所示，X 为 X 产品的等产量曲线，M_2 为发达地区 X 产品生产的等成本线，比欠发达地区 X 产品的等成本线 M_1 陡峭，由于欠发达地区的资本收益率较高，因此 X 产品生产均衡点由于资本密集型的产业转移由 A 点变成 B 点，同样是生产一单位 X 产品，更多的劳动力替代了资本。对于发达地区而言，本来使用大量资本和少量高技能劳动力的生产组合变成了资本投入的减少和技能型劳动力投入的增多，其中包括低技能劳动力和高技能劳动力；对于欠发达地区而言，由于有了外来资本的流入，该地区可以从事大规模的 X 产品的生产，并且在生产点 B 上，单位劳动所占用的资本量远远高于进行 Y 产品生产的单位劳动对资本的占用量，因此承接产业资本转移的欠发达地区由于低技能劳动力需求的扩展，提高了劳动生产率，达到了劳动力就业技能提升效应。

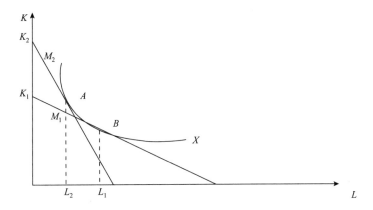

图 3 - 10　资本密集型产业区域转移的劳动力就业技能提升效应模型
注：笔者根据生产者均衡理论制图。

对于劳动密集型产业转移，其模型同样适用。但与资本密集型产品 X 不同的是，劳动密集型产品 Y 的生产更多的是资本替代劳动，只要满足劳动力成本即工资水平在欠发达地区仍然比发达地区低的条件。如图 3 - 11 所示，Y 曲线为劳动密集型产品 Y 的等产量曲线，M_4 和 M_3 分别为产业资本转移前和资本转移后的生产等成本线。在图 3 - 11 中，劳动密集型产业资本由发达地区向欠发达地区转移，其生产均衡点由 D 点向 C 点移动，一部分劳动力被资本所替代，但其劳动力的工资水平仍然比欠发达地区高，因此，在此种情况下的单位劳动力资本量明显增加，劳动力的边际产品得到提高，提升了当地的劳动生产率，劳动力就业技能提升效应也较为明显。

上述模型是在只存在两地区和两产品的条件下进行分析研究的，因此会得出发达地区高技能人才与资本结合的现象会逐渐减少，其劳动力就业技能结构趋于负面效果的结论。但实际上区域产

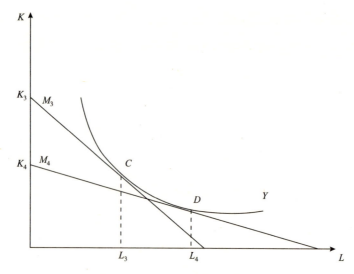

图 3 – 11   劳动密集型产业区域转移的就业技能提升效应模型

注：笔者根据生产者均衡理论制图。

业转移对发达地区的劳动力就业技能结构同样是具有提升效应的，因为在实际产品生产过程中，产品生产是多样化的，因此当发达地区的劳动密集型产业和部分资本密集型产业转移出去时，会有更高级的资本或者技术密集型产业或者相关资本转移进来，其对高技能人才的需求会比原来更大，因此资本流入带来的高技能劳动力需求的增加和劳动力生产率的提升同样在发达地区会产生明显的效果，促进发达地区产业结构优化升级和劳动力就业技能结构的优化。

（三）技术－技能提升的劳动力就业技能提升效应

关于技术进步对劳动力就业技能结构的影响，学术界的研究已经较为成熟。多数学者从理论模型、实证检验等不同的角度分析了国内外技术进步特别是技能偏向型技术进步对劳动力就业技能结构的影响，主要体现在对高技能劳动力需求的影响。首先要对技术进步类型做概念区分，弄清楚到底是哪一类型的技术进步会给劳动力就业技能带来提升效应。Daron Acemoglu 指出，技术进步的类型确定，是企业根据自身发展优势和区位比较优势做出的理性选择，即技术进步不断演变的过程实质上是企业在不同约束条件下进行选择的过程，其中最重要的约束条件是劳动力供给的质量。[①] 工业革命初期，农村劳动力向工业部门大量转移，劳动力供给以低技能劳动力为主，此时企业多以退化型技术进步为主，即将工作流程进行详细分工，增加劳动的机械性，简化工作流程，以生产规模扩大来增加企业利润，因此此时的技术进步会吸纳大量的低技能劳动力，该时期的就业水平显著提高。到了工业革命后期，随着技术密集型产业以及新型技术产业的发展，其对劳动力技能的要求越来越高，因此此时的技术进步为技能偏向型技术进步，以高技能劳动力供给为主，但同时会影响低技能劳动力就业水平。Grossman 和 Helpman[②]、Keller[③]、Lumenga-Neso 等[④]都指出，对于发展中国家而言，中间产品即技术型产品的进口将会对技能型劳动力产生两种效应，一种是如果此种技术性产品包含了科学技术型，并且具有扩散渠道，那么此种中间产品的进口对发展中国家而言是技能偏向型的技术进步；另一种是由于发展中国家低技能劳动力供给丰富，其劳动力成本低的比较优势也将会进口技术型的中间产品，但其企业生产将更注重发展中国家的比较优势，使用非技术型生产线来吸纳更多的低成本劳动力，因此此种中间产品的进口生产对发展中国家而言是退化型技术进步。

　　关于技能偏向型技术进步对劳动力就业结构的影响，国外学者

---

① Daron Acemoglu, "Technical Change, Inequality and The Labor Market," *Journal of Economic Literature*, 2002 (1): 7 – 8.

② G. M. Grossman and E. Helpman, *Innovation and Growth in the World Economy*, MIT Press Cambrige, 1991, pp. 23 – 34.

③ W. Keller, "International Technology Diffusion," *Journal of Economic Literature*, 2004 (3): 56 – 68.

④ Oliver Lumenga-Neso, Marcelo Olarreaga, and Maurice Schiff, "On Indirect Trade-related R&D Spillovers," *European Economic Review*, 2005, 49 (7): 1785 – 1798.

的研究较为成熟。Chan 和 Rich 对美国制造业中 459 个行业、17432 家企业的生产性劳动力和非生产性劳动力进行调研发现，技术变革会增加技能型劳动力的需求，即形成所谓的"技能偏态"。[①] Hiemenz 从 FDI 的角度指出 FDI 不仅仅是资本转移，同时附带着人力资本、技术和工艺等的转移，特别是 FDI 所带来的技术进步需要人力资源技能技术的升级，其一方面提高了发展中国家对高技能劳动力的需求以及他们的工资水平，另一方面又降低了低技能劳动力的重要性和他们的工资水平。[②] 从国内学者关于此方面内容的研究来看，姚先国等 2005 年对中国制造业微观企业数据进行技能偏态性计量检验的研究在国内学术界得到了广泛认同。其研究结果表明，中国企业的技术进步是一种技能偏态型的技术进步，即企业对高技能劳动力需求增加是技能偏态型技术进步的重要表现，同时高技能劳动力的就业份额和工资收入比例也会增加，研究结果在一定程度上解释了劳动力市场中"技工荒"与"民工荒"并存的现象。[③] 此外，从更为具体的研究内容来看，成艾华等通过对中国工业行业技能偏向型技术变化的实证检验，指出细分行业内的不同技能劳动力就业份额的变化是我国工业就业结构技能升级的主导因素，同时技术进步、对外开放和资本 - 技能互补性等因素是我国工业就业结构技能升级的重要因素，并且技术进步与技能型劳动力就业份额之间呈显著正相关关系。[④]

---

① W. H. Chan and D. Rich, "Occupational Labour Demand and the Sources of Non-neutral Technical Chang," *Oxford Bulletin of Economics and Statistics*, 2006, 68 (1): 23 - 43.

② 周华:《外商直接投资对东道国收入分配影响的长期效应: 以中国为例》,《南开经济研究》2006 年第 5 期, 第 38 页。

③ 姚先国、周礼、来君:《技术进步、技能需求与就业结构——基于制造业微观数据的技能偏态假说检验》,《中国人口科学》2005 年第 5 期。

④ 成艾华、敖荣军、韦燕生:《中国工业行业技能偏向型技术变化的实证检验》,《中国人口·资源与环境》2012 年第 5 期。

在理论模型方面，笔者通过对 Ashima Goyal 建立的关于技术进步与不同技能型劳动力供给变化的理论模型[1]进行部分简化和改善，建立区域产业转移过程中的技术对劳动力就业技能提升效应的理论模型。假设只存在两种类型的劳动力即低技能劳动力 L 和高技能劳动力 H，劳动力市场是完全竞争市场，只存在两种产品生产，并且两种产品生产只使用一种类型的劳动力要素，区域产业转移带来的技术进步表现为技能偏态型技术进步，即 $A_H(t)$ 和 $A_L(t)$，其中 t 表示时间序列。在此假设基础上，建立经济总体生产函数模型：

$$Y_e(t) = [(A_L(t)L(t))^\rho + (A_H(t)H(t))^\rho]^{\frac{1}{\rho}} \qquad (3-2)$$

在公式（3-2）中，$\rho \leq 1$，并且低技能劳动力 L 与高技能劳动能力 H 是不完全替代关系，其替代弹性为 $\sigma \equiv 1/(1-\rho)$，Freeman 在不同类型劳动力之间对该指标进行不断实证分析得出的研究成果表明 σ 数值在 $1\sim2$[2]，因此 $\sigma > 1$，L 和 H 是总体替代关系。

根据假设条件，两种类型劳动力的产品生产函数分别为：

$$Y_L = A_L L$$
$$Y_H = A_H H$$

因此消费者的效用函数可以表示为：

$$U_e = (Y_L^\rho + Y_H^\rho)^{\frac{1}{\rho}}$$

因为劳动力市场是完全竞争市场，两种类型劳动力的工资即为其边际产品：

[1] Ashima Goyal, "Distant Labour Supply, Skills and Induced Technical Change," in Gen. Vaidya Marg, Santosh Nagar, Goregaon Mumbai (eds.), *Dira Gandhi Institute of Development Research*, Mumbai, 400065, 2006, pp. 137 – 150.

[2] Freeman, R., "Demand for education," in Ashenfelter, O. and Layard, R. (eds.), *Handbook of Labour Economics*, 1986, p. 366.

$$\omega_L = \frac{\delta Y}{\delta L} = A_L^\rho \left[A_L^\rho + A_H^\rho (H/L)^\rho \right]^{\frac{(1-\rho)}{\rho}}$$

$$\omega_H = \frac{\delta Y}{\delta H} = A_H^\rho \left[A_H^\rho + A_L^\rho \left(\frac{H}{L} \right)^{-\rho} \right]^{\frac{(1-\rho)}{\rho}}$$

通过上式得出高技能劳动力相对于低技能劳动力的工资为:

$$\omega_e = \frac{\omega_H}{\omega_L} = \left(\frac{A_H}{A_L} \right)^\rho \left(\frac{H}{L} \right)^{-(1-\rho)} = \left(\frac{A_H}{A_L} \right)^{(\sigma-1)/\sigma} \left(\frac{H}{L} \right)^{-1/\sigma}$$

对高技能劳动力相对工资方程两边取对数得:

$$\ln\omega_e = \frac{\sigma-1}{\sigma} \ln\left(\frac{A_H}{A_L} \right) - \frac{1}{\sigma} \ln\frac{H}{L}$$

对 H/L 的相对需求进行微分可得高技能劳动力的相对需求函数为:

$$\frac{\delta\ln\omega_e}{\delta\ln(H/L)} = -\frac{1}{\sigma} < 0 \qquad\qquad (3-3)$$

同时可以得出

$$\frac{\delta\ln\omega_e}{\delta\ln(A_H/A_L)} = \frac{\sigma-1}{\sigma} > 0 \qquad\qquad (3-4)$$

从公式（3-3）中可以得出高技能劳动力的相对工资与其相对需求呈负相关关系，即高技能劳动力的相对需求曲线是向右下方倾斜的（如图3-12中的 MN 曲线）。从公式（3-4）中也可以看出技能偏态型的技术进步即 A_H 增加，高技能劳动力的需求也会增加。从图3-12可以看出，当区域产业转移发生时，由于产业转出地区产品生产技术高于转入地区，那么此时的产业转移属于技能偏态型的产业转移，对于产业承接地区而言相当于发生了技术进步，同时对于产业转出地区而言，更高技术水平的产业转移到本区域，同样也发生了技能偏态型的技术进步，因此，其对高技能劳动力的相对需求增加，即 MN 曲线向右上方移动到 M_*N_*，此时短期内，在高技能供给不变的条件下，高技能劳动力相对于低技能劳动力的工资水平由 W_e 上升到 W_{e*}，因此，由于相对工资的提升，高技能劳动力供给将会增加，即 H/L 向右移动到 H_*/L_*，进而在劳动力就业技能结构上表现为劳动力技能的升级。

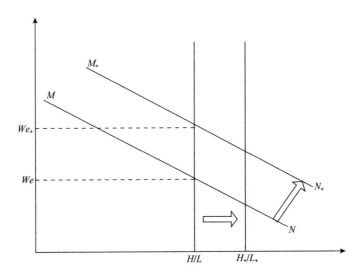

图 3 - 12　技能偏态型技术进步对劳动力就业技能的影响模型

注：笔者根据 Ashima Goyal 关于技术进步与不同技能型劳动力供给变化的理论模型制图。

四　政策性转移 - 就业稳定效应

对于我国区域产业转移而言，区域性的要素流动以及产业结构的调整变化离不开产品市场对其需求和本身的供给量大小，但依据我国国情环境变化的影响，其更离不开政府对产业转移以及要素流动的政策干预，包括制定有效的产业政策以引导和激励产业的空间布局、干预劳动力要素流动以保证企业生产效率的提高等措施，特别是中央政府与地方政府制定相关产业政策以吸引企业或者引导产业转移进行空间上的布局。总之，我国区域产业转移是市场与政府共同作用的结果，因此政策性产业转移也会在劳动力市场上表现出不同的就业效应，其中最大的一个就业效应就是就业稳定效应。产业转移在劳动力市场的表现主要有促进就业和排挤就业两类，而我国就业问题又是社会民生的首要问题之一，因此我国区域产业转移过程中政策性转移的主要目的是保证失业人员再就业，政策性产业转移引导产业吸纳更多的就业，并且对产业转移过程中带来的下岗失业劳动力进行就业安置，保持就业的稳定性。此外，通过政府政策干预以保证就业稳定的另一个主要方面是在市场经济条件下，充分利用劳动力资源，实现劳动力资源的优化配置，维护劳动力市场机制，提高劳动生产率。

（一）产能过剩－就业稳定效应

以产能过剩所带来的政策性产业转移为例，在目前经济新常态下，提高经济发展质量以及转变经济发展方式成为我国未来社会经济发展的内在要求。因此当前我国出现的产能过剩问题越来越成为我国经济运行过程中较为突出的矛盾与问题，既制约了经济发展质量的提高，又降低了行业产品生产效率，而化解产能过剩的主要行为又属于产业结构调整特别是产业转移的重要内容之一，这也是我国所特有的区域产业转移的方式和内容。化解产能过剩主要通过大型生产工厂的搬迁和部分产能停产来实现，主要以政策性产业转移为主，即中央或者当地政府制定相关产业政策，有效引导这些产能过剩产业进行区域转移。其化解过程中不可避免地将产生职工失业、转岗、再就业等诸多问题，而所化解的产能过剩的产业以钢铁、水泥、电解铝等大型国有企业为主，这些企业是吸纳劳动力的大户，因此能否妥善解决化解产能过剩过程中所带来的劳动力就业问题关系到我国社会民生和谐发展的大局。而这些问题的解决需要政府制定相关政策措施，以稳定化解产能过剩过程中所带来的就业问题，同时在产业结构调整方面，通过对劳动力市场中劳动力要素流动的干预，保证区域经济发展效率的提高和稳定，促进劳动力技能结构的优化。

（二）政策租－就业稳定效应

关于政府作用以及政策效应的研究在国内外学术界已经较为成熟。亚当·斯密在其 1776 年的经典著作《国民财富的性质和原因的研究》中指出了政府的三种职能，包括维护国家的安全、设立公正的司法制度以及建立公共机关和公共工程。由于当时国家体系的发展还很不完善，所以在斯密所处年代的社会中，政府只是充当"守夜人"的角色。当前世界经济发展逐步全球化和复杂化，市场失灵和市场缺陷是经济发展中常见的现象，因此政府的作用已经完全超出了斯密所描述的"守夜人"，而成为经济发展、产业结构发展过程中的重要角色。

从国内外产业转移的实践经验与理论研究来看，市场机制和政府政策的干预是产业转移过程中的两个重要手段，其中政府政策同时会贯穿于市场机制中，通过合理调节市场运行机制，制定相关政策对区域经济产生"政策租"和规模经济效应。"政策租"的概念最早可以与凯恩斯经济学联系起来，即主张以政府宏观调控的手段来干预经济。波特则在他的"钻石模型"中指出政府是产业集聚的一个重要因素，政府的产业政策是产业结构调整的重要手段。[1] 从世界经济的发展历史可以看出，发展中国家在初始阶段的工业化进程非常缓慢，土地和劳动力主要集中在农村地区，随着资本自由化以及工业化进程加快，农村剩余劳动力逐步向工业部门转移，城市化进程加快又推动了工业资本的发展，工业资本的提高会加快劳动

---

[1]　M. E. Porter, *The Competitive Advantage of Notions*, MacMillan Press, 1990.

力工资水平的提升，于是会有越来越多的农村劳动力被吸引到发达地区，市场经济逐步建立起来。但发展中国家普遍存在市场制度不完善的缺陷，进而市场失灵与市场缺陷成为普遍现象，此时政府往往会对资本投资进行直接或者间接的干预以实现经济增长中资本的充足性，即中央政府在特定地区或者相关区域内通过税收减免、有效的合约和产权保护等来促进企业转入并且吸引资本流入。在这些特殊区域，由政府对土地价格、税收利率以及基础设施建设等方面的掌控所带来的经济利益被称为政策租。政府通过制定产业政策和相关区域经济政策来合理调整区域产业结构，同时针对产业配套生产要素流动制定相关政策，旨在促进产业结构优化，整合经济资源在空间和产业间合理流动和实现最优配置。其实现的主要途径是通过对土地、税收、财政以及公共产品的供给建设的掌控来实施具体的政策，增加区域性企业的政策租，吸引更多的企业资本和生产要素流入。

对于政策租效应和产业转移带来的规模经济效应，同时包括强制性的政策性迁移（例如产能过剩企业的搬迁），生产要素会做出相应的反应，如劳动力市场中的劳动力要素的就业稳定性受到了相应的负面影响。余俊波在其《政府政策、要素流动与产业转移》中用理论计量模型的方法研究产业转移背景下劳动力要素流动在没有政府政策干预和有政府政策干预的两种情况下的区域经济效应。[1]他指出，当只存在发达地区和欠发达两种类型的区域，且发达地区具有集聚效应时，如果政府不对区域经济进行干预，劳动力要素往往容易从欠发达地区流入发达地区，表现为发达地区的工资以及社会福利水平高会吸引劳动力要素在该区域聚集，其中流入的劳动力

---

[1] 余俊波：《政府政策、要素流动与产业转移》，暨南大学博士学位论文，2012，第42~53页。

要素包括低技能劳动力和高技能劳动力，两类劳动力在发达地区的聚集会使该区域的人力资本素质得不到提升，经济发展效率低下。此时政府会对劳动力要素和产业转移进行政策干预，即通过政策手段合理引导低技能劳动力和高技能劳动力流动，在发达地区合理控制低技能劳动力的数量供给，提高发达地区的整体劳动力资源的质量，以优化该地区的就业劳动力的技能结构，促进其提高生产效率以吸纳更多的劳动力就业，保证该地区劳动力的就业稳定性；同时在欠发达地区通过政府补贴企业吸纳低技能劳动力或者补贴高技能劳动力，合理引导劳动力回流，促进当地劳动力就近就业，避免大规模失业的发生，并且提高欠发达地区的经济生产效率，提高社会福利。总之，政府对政策性产业转移过程中劳动力市场的干预目的主要是促进经济生产效率的提升，保证就业的稳定性。

（三）失业风险的控制

面对政策性产业转移中出现的失业风险，我国中央政府从2013 年开始强调特殊性产业转移特别是化解产能过剩中出现的下岗失业人员再就业问题。从权威统计数据看，当前全国就业形势总体平稳。2014 年我国城镇新增就业 1322 万人，2015 年上半年全国城镇新增就业 718 万人，城镇调查失业率均保持在 5.1% 左右。[①] 从数据和实地调研来看，目前化解产能过剩尚未对全国就业的稳定性产生较大的负面影响，但由于这些企业所吸纳的劳动力基数较大，其存在的失业风险较高，化解产能过剩将导致部分产能直接停工或者大面积的工厂进行搬迁，大批的劳动力将会面临待

---

① 黄湘闽：《化解产能过剩中政府如何促进职工就业》，中国劳动保障新闻网，http：//www.clssn.com/html1/report/14/1213－1.htm，最后访问日期：2018 年 11 月 2 日。

岗待业的失业风险，同时也会存在工资水平下降以及劳动权益受损等问题，直接威胁到区域的就业稳定性。此时政府的政策手段是解决此类问题的主要途径：其一，中央政府实施一系列有针对性的、积极的促进就业的措施，从顶层设计层面降低失业风险率；其二，加强地方政府合作，以下岗职工再就业培训以及就业技能提升培训等手段帮助劳动力进行再就业；其三，督促地方政府在区域内实施政策租等措施，通过企业本身来对这些面临失业的待岗劳动力进行就业安置，同时出台法律法规避免其劳动权益被损害。综上所述，政策性产业转移在劳动力市场表现的就业稳定效应可以通过图3－13来表示。

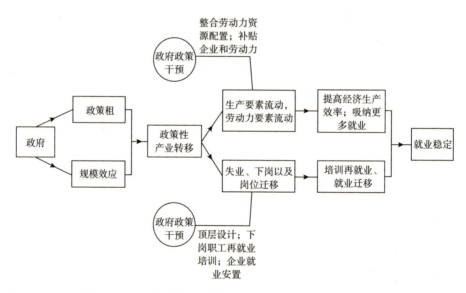

图 3 – 13　政策性产业转移就业稳定效应的传导机制
注：笔者制图。

第三节　区域产业转移就业效应的理论解释

上述对区域产业转移以及产业转移影响就业的理论机制的研究

表明，我国区域产业转移的就业效应主要是以产业转移的不同模式为基础，在劳动力就业总量、就业结构以及劳动力就业技能等方面产生影响，以实现产业转移与就业的相互影响，其具体理论解释模型如图 3－14 所示。

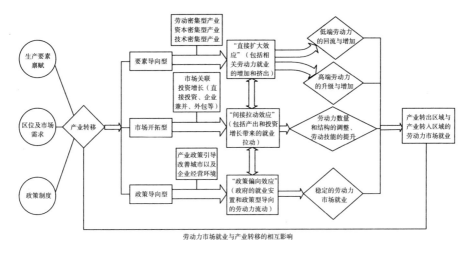

图 3－14　我国区域产业转移就业效应的理论解释模型

注：笔者根据我国不同区域产业转移模式对就业影响效应的理论机制制图。

一　我国区域产业转移理论概述

产业转移是产业经济学中较为重要的理论问题和主要模块，本书根据经典产业转移理论中关于产业转移影响因素的研究成果进行整理，以中国国情为基本分析依据，认为生产要素禀赋、区位及市场需求以及政策制度是我国产业转移的三大影响因素，其相互作用的结果是我国区域产业转移发生的主要驱动力，因此三大影响因素对产业转移的影响必然会带来产业转移模式的不同，即分别为要素导向型产业转移、市场开拓型产业转移以及政策导向型产业转移。要素导向型产业转移以要素禀赋、比较优势为基础，根据地区比较优势的不同，劳动、资本、技术密集型产业将会分别进行区位选择，最终形成适合本产业发展的优势产业结构；市场开拓型产业转移更多的是市场经济作用的结果，由于市场关联性、投资需求增长等市场因素的影响，产业会选择市场环境更为优越的区位，其生产要素变化特征是高端生产要素的需求将会增加，以适应世界经济发展带来的产业以及技术升级；政策导向型产业转移是政府主导型的产业转移，也是我国产业转移的重要模式之一，由于我国产业发展的市场经济条件尚不成熟，加之资源环境不断恶化，政府需要在产业结构调整以及产业市场方面做出更为明确的规划，因此政府会在市场经济、地区性经济发展以及改善城市、企业经营环境的前提下提出相关产业政策，以指导我国区域产业转移和产业升级顺利进行。

二　区域产业转移－就业影响机制

区域产业转移在劳动力市场的表现主要是通过不同产业转移模式的影响机制实现的。本书从影响就业的不同维度来深入研究我国区域产业转移的就业效应。要素导向型产业转移会直接带动相应劳动力要素的总量变化，劳动密集型产业转移会带动原有低端劳动力的转移，同时在承接地区直接拉动相应劳动力的就业总量，而资本、技术密集型产业转移更多的是拉动高技能劳动力的就业总量，同时会对低端劳动力就业产生量上的排挤效应；市场开拓型产业转移更多的是技术、资本寻求市场以增加市场规模的结果，因此其不仅通过市场规模的不断扩大来带动当地经济的发展，以促进就业总量的增加，同时资本市场的不断调整和升级也使劳动力在产业间的流动性增强，就业结构随着产业转移不断发生变化，并且高技能劳动力需求的变化会带来整体劳动力就业技能的变化，其主要体现在资本、技术对就业技能的影响；政策导向型产业转移在政策租以及规模效应的影响下，其本身的产业转移由于劳动力流动的限制会给其就业劳动力带来失业、下岗风险，但政策导向型产业转移的政府行为具有综合性和社会性，稳定社会就业也是其政策实施的主要目标之一，因此政府会给予转移企业相应补贴，使其保证就业总量。

三　区域产业转移就业效应的表现形式

根据我国区域产业转移的具体理论影响机制，可以判断我国区域产业转移的就业效应以就业总量、就业结构、劳动力就业技能为主，以我国产业转移区域和产业承接区域的劳动力就业市场的变化来体现。因此，在实证分析方面，本书主要通过我国 31 个省、区、市 2001～2015 年的面板数据对东、中、西部地区的产业转移所带来的就业总量、就业结构以及劳动力就业技能效应进行实证验证，并得出相应结论。此外，在产业转移与就业的相关性方面，产业转移的就业效应只是单方面的产业结构调整对劳动力就业市场的影响，实际上产业结构调整以及我国经济结构转型成果是就业与产业转移、产业升级等相互作用的结果，就业的劳动力市场为产业提供劳动力供给，产业资本与劳动力是否匹配决定了产业转移的成功与否。但本书主要的研究对象和研究内容是产业转移的就业效应，其他内容暂不做详细研究。

本章小结

本章以理论分析为主，以经济学模型方法和区位因素、比较成本以及要素禀赋等理论为基础理论框架，综合分析区域产业转移的影响因素和主要模式，以及其在不同模式下对就业产生的不同维度的影响机制。

第一，在产业转移方面，区域生产要素禀赋因素、区位及市场需求因素、政策制度因素是影响我国区域产业转移的三大因素，其中政策制度因素在我国产业结构调整过程中发挥了较大作用。根据上述区域产业转移的主要影响因素，本章提出我国区域产业转移的三大主要模式，即要素导向型、市场开拓型以及政策导向型产业转移。此外，从目前我国产业转移的经验判断和动态分析来看，东部发达地区开始进入工业化后期，中西部地区承接产业转移呈现多元化趋势，产业流失现象逐渐成为我国产业转移过程中的新问题。

第二，本章建立了我国区域产业转移就业效应的理论机制模型。根据我国区域产业转移的三种主要模式即要素导向型产业转移、市场开拓型产业转移以及政策导向型产业转移，提出我国区域产业转移就业效应的一般理论机制，包括要素投入－就业总量影响效应、比较优势－就业结构调整效应、资本技术－劳动力就业技能提升效应以及政策性转移－就业稳定效应。要素投入－就业总量影响效应主要从劳动力成本和资本技术两个方面对就业总量的影响展开研究，分别提出劳动力成本导向型产业转移对劳动力就业影响的两地区理论模型和资本流动对劳动力收入影响的两地区理论模型，从理论上提出生产要素变化带来的产业转移会对就业总量产生增加和挤出效应；比较优势－就业结构调整效应以刘易斯模型和托罗达模型为理论基础，同时根据产业转移部门偏向、技能偏向概念，假设产业转移是知识资本和劳动力的转移，提出我国产业转移的部门偏向以劳动密集型、资本密集型和技术密集型产业为主，其对应的技能偏向分别为高技能劳动力、中技能劳动力和低技能劳动力，并提出承接区域产业转移对劳动力就业结构影响的两地区理论模型；资本技术－劳动力就业技能提升效应主要从资本－技能互补、技术－技能提升两个方面，从劳动生产率和技能劳动力需求变化的角度分别提出技能要求不同的产业转移投资对不同技能劳动力需求变化的理论模型、资本－劳动生产率变化模型和技能偏态型技术进步对劳动力就业技能的影响模型。

　　第三，本章进一步对我国区域产业转移的就业效应进行了理论解释和总结。从我国区域产业转移的动力机制、区域产业转移－就业影响机制以及区域产业转移就业效应的表现形式进行论证，在本书中起到承上启下的作用。

第四章 区域产业转移就业效应的实证检验

本章主要以第三章的理论研究为基础，对上述我国区域产业转移就业效应的理论机制进行实际检验。为了验证我国区域产业转移就业效应的实际情况，本章通过建立 2001～2015 年我国 31 个省、自治区、直辖市的面板数据回归模型，运用 Stata 12 数据分析软件从东部地区、中部地区、西部地区来实证检验我国区域产业转移的就业效应。实证检验过程以第三章我国区域产业转移就业效应的理论机制为理论依据，检验对象为产业转移的就业效应，突出就业效应指标。根据数据可获得性原则，本章将不同产业转移模式带来的就业效应分为就业总量影响效应、就业结构调整效应以及劳动力就业技能提升效应，分别对应上述理论分析中的要素投入－就业总量影响效应、政策性转移－就业稳定效应、比较优势－就业结构调整效应、资本技术－劳动力就业技能提升效应。其中需要说明的是，上述理论机制中的"要素投入－就业总量影响效应"与"政策性转移－就业稳定效应"在劳动力就业方面皆表现为就业总量的变化，因此本章的实证检验过程表现为产业转移过程中就业总量、就业结构以及劳动力就业技能的变化。其中数据来源主要为我国宏观经济统计数据，即 2002～2016 年的《中国统计年鉴》《中国劳动统计年鉴》《中国城市统计年鉴》《中国人口和就业统计年鉴》《中国教育统计年鉴》。

第一节　变量选取与说明

一　被解释变量的选取与说明

本章主要分析 2001 年以来我国产业转移在就业总量、就业结构以及劳动力就业技能三方面的影响，并且以东部地区、中部地区、西部地区为区域变量。因此本章选取的被解释变量为 2001~2015 年全国 31 个省、自治区、直辖市的城镇就业人员数量、第一产业就业人员比例以及就业人员的受教育程度比例，其中区域变量分别为东部地区、中部地区以及西部地区的城镇就业人员数量、第一产业就业人员比例以及就业人员的受教育程度比例。东、中、西部地区的行政划分参考表 1-2，东部地区选取北京、天津、河北、辽宁、上海、江苏、浙江、福建、广东、山东、海南；中部地区选取山西、吉林、黑龙江、安徽、江西、河南、湖北、湖南；西部地区选取四川、重庆、贵州、云南、西藏、陕西、甘肃、青海、宁夏、新疆、广西、内蒙古。

从就业效应的指标解释来看，反映就业总量影响效应的指标为城镇就业人员数量，指从事一定社会劳动并取得劳动报酬或经营收入的人员，不仅包括国有、集体、股份制、外商投资等单位职工，还包括私营、个体以及乡镇企业就业人员；反映就业结构调整效应的指标为第一产业就业人员比例。上述理论机制的分析和研究表明，产业转移对就业结构的影响主要是劳动力在产业间、部门间的结构变化，即农业劳动力转移到城市、工业部门以及服务业部门的变化，因此在变量选取上选择第一产业就业人员比例的变化作为就业结构调整效应指标；反映劳动力就业技能提升效应的指标为就业人员的受教育程度比例，将受教育程度为初中以下的就业人员划分为低技能劳动力、初中及高中的就业人员划分为中技能劳动力、大专及以上的就业人员划分为高技能劳动力，高、中、低技能劳动力的比例为判断劳动力就业技能提升效应的三个变量。

二 解释变量的选取与说明

解释变量主要依据影响就业总量、就业结构以及劳动力就业技能的因素进行分析选择，通过回归模型的建立与运行排除这些解释变量对就业的影响，突出分析产业转移单个指标对就业产生的影响。

第一，产业转移指标。根据文献分析结果以及数据的可获得性原则，本章选取 2001～2015 年全国 31 个省、自治区、直辖市的规模以上工业增加值比例变量①作为衡量产业转移的主要指标。从文献分析结果来看，在理论上并没有能够直接反映产业转移变化的宏观经济指标变量，并且从宏观统计数据库来看，并没有能够直接表现产业转移的单个统计指标或者区域性指标，因为产业转移与产业发展是密不可分并且具有紧密联系的发展变量，而且我国区域产业转移主要以工业制造业产业转移为主，如果直接选用各省份产业产值的变化，产值涵盖的内容比较复杂，产业转移的因素不易突出，数据质量不高。因此本章将规模以上工业总产值进行排他因素处理，从产业发展的角度来解释产业转移变量。产业转移会带来各地区产业产值的变化，而产业转移所带来产业增加值的变化需要在全国产业增加值的背景中体现，因此本章将我国 31 个省、自治区、直

---

① 规模以上工业增加值比例 = 当期当地的规模以上工业增加值/当期全国规模以上工业增加值 * 100%。

辖市的规模以上工业增加值进行比例处理，即使全国各地区的规模以上工业增加值具有横向可比性，形成规模以上工业增加值比例作为产业转移的衡量变量。

第二，全社会固定资产投资和人均 GDP。根据柯布－道格拉斯生产函数，其中 $\alpha > 0$，$\beta > 0$，可以看出，影响劳动力的因素主要是产出和资本，因此影响劳动力就业的主要理论因素为经济增长产出变量和资本投资变量。此外，产业转移主要是通过固定资产投资来实现的，并且经济产出与就业增长的关系一直是理论关注的重点，特别是中国经济增长与就业增长的关系是学术界理论探讨的重要争议点，因此本章选取 2001～2015 年 31 个省、自治区、直辖市的固定资产投资以及人均 GDP 作为影响就业总量、就业结构以及劳动力就业技能的主要解释变量，同时作为控制变量来对产业转移的就业效应进行实证检验。

第三，城镇单位就业人员平均工资。关于就业结构变化影响因素的研究很多，本章产业转移的就业结构调整效应的指标选取第一产业就业人员比例，因此需要选取影响农村劳动力转移的理论影响因素作为就业结构的解释变量，根据已有研究成果来看，城乡收入差距会促使劳动力从农业部门流入非农部门。古典经济学家威廉·配第、美国经济学家刘易斯都明确指出先进部门即资本主义部门（工业部门）由于较高的收入会源源不断地吸引落后部门（农业部门）劳动力的流入，同时迈克尔·P. 托达罗也提出农业劳动者迁入城市的动机主要基于城乡预期收入的差异，差异越大，流入城市的农村人口越多。此外工资收入水平也是就业总量、劳动力就业技能的重要影响因素，工资和就业量的相互影响关系是学术界的重点研究内容，也是各个理论学派持续长久、极具有争议性的话题，1936 年凯恩斯在其《就业、利息与货币通论》中认为工资上升必然导致失业增加，但 1938 年英国劳动经济学家邓洛普（Dunlop）、1939 年美国塔西斯（Tarshis）提出了与其相反的证据。在其后长达 60 年的漫长岁月里，经济学家一直围绕此问题展开争论，因此，工资是就业总量变化的重要影响因素。此外，在劳动力就业技能方面，就业技能在劳动力身上体现的技能水平最终会将劳动力分为不同类型的劳动力，因此若加入工资变量，则表现为不同技能劳动力的工资差距，最有代表性的相关理论为"要素价格均等化理论"[1]，因此工资也是影响劳动力技能变化的一个重要因素。本章选取 2001~2015 年 31 个省、自治区、直辖市的城镇单位就业人员平均工资作为产业转移就业效应模型的解释变量之一。

第四，当地政府财政支出。从理论研究来看，财政支出是影响就业的重要因素。如 Demetriades 和 Mamuneas 根据劳动力需求结构模型，对 1972~1991 年 OECD 国家的政府支出与就业的关系进行实证分析，发现不论是长期还是短期，政府投资性支出增加都能带来劳动需求增加，而且短期的就业促进作用要大于长期[2]；而 Raurich 和 Sorolla 的研究表明财政支出对就业的影响应视情况而定，如果政府财政支出投资以资本税方式进行，则公共投资会带来劳动力需求的增长和就业的增加，但如果财政支出投资以所得税方式进行，那么此种类型的公共投资会抑制就业需求的增长[3]。但不论政府财政支出给就业带来拉动还是抑制效应，财政支出都是影响就业的重要因素，因此本章选取 2001~2015 年 31 个省、自治区、直辖市的地

---

① 任志成：《FDI 与劳动力技能工资差距》，《南京审计学院学报》2006 年第 4 期，第 4~5 页。

② P. O. Demetriades and T. P. Mamuneas, "Intertemporal Output and Employment Effects of Public Infrastructure Capital: Evidence from 12 OECD," *The Economic Journal*, 2000 (111): 687 – 713.

③ Raurich and Sorolla, Unemployment and Wage Formationina Growth Model with Public Capital, UFAE and IAE Working Paper, 2002, pp. 15 – 17.

方政府财政支出作为产业转移就业效应模型的解释变量之一。

第五，教育经费。本章在实证检验我国区域产业转移的劳动力就业技能提升效应的过程中，将就业劳动力的受教育程度比例作为衡量就业技能的被解释变量。而人口受教育程度的影响因素从理论上来看研究成果比较丰富。从国外研究文献来看，其更多的是从教育发展的角度以及衡量指标体系来分析人口受教育程度的影响因素，Lisa Plimpton 分析研究了美国缅因州高等教育人口的分布状况，通过对比地域之间经济发展状况，发现人口受教育水平或者高等教育水平与当地经济发展状况密切相关[1]；同时，Gregorio 指出，收入分配是影响人口受教育年限的重要因素，收入不平衡会影响受教育程度，反过来受教育程度的差异性也是收入分配不均等的主要因素，两种变量是相互影响、相互作用的[2]。从国内研究来看，孙红梅、王善迈、吴德刚等利用人均 GDP 指标探索经济增长与教育发展规模的关系，从经济宏观角度来分析人口受教育程度与经济发展的关系[3]；赵庆年、罗伟卿研究了教育投入水平对教育发展差异的影响，主要采用人均教育经费来衡量[4]。因此本章从宏观经济发展的角度选取 2001～2015 年 31 个省、自治区、直辖市的年度教育经费

① Lisa Plimpton, Indicators of Higher Education Attainment in Maine, August, Maine: Maine Development Foundation and Maine Community Foundation, 2006.

② José De Gregorio and Jong-Wha Lee, "Education and Income Inequality: New Evidence From Cross-Country Data," *The Review of Income and Wealth*, 2002, 48 (3): 395 – 416.

③ 孙红梅：《经济增长与高等教育发展规模的关系研究》，西北大学博士学位论文，2007；王善迈、杜育红、刘远新：《我国教育发展不平衡的实证分析》，《教育研究》1998 年第 6 期，第 19～20 页；吴德刚：《中国教育发展地区差距研究——教育发展不平衡性问题研究》，《教育研究》1999 年第 7 期，第 30～31 页。

④ 赵庆年：《高等教育发展水平评价新概念及其评价》，《教育研究》2009 年第 5 期，第 15～17 页；罗伟卿：《财政分权是否影响了公共教育供给——基于理论模型与地级面板数据的研究》，《财经研究》2010 年第 11 期，第 22～23 页。

支出作为产业转移劳动力就业技能提升效应模型的解释变量之一。

综合上述解释变量与被解释变量的选取和说明，关于变量选择以及解释说明如表 4 - 1 和表 4 - 2 所示。

表 4 - 1　模型解释变量名称和含义

解释变量	名　称	含　义	单　位
im	产业转移	规模以上工业增加值/当期全国规模以上工业增加值	%
ag	人均 GDP	人均 GDP	元
as	平均工资	城镇单位就业人员平均工资	元
is	固定资产投资	全社会固定资产投资	亿元
fs	财政支出	地方政府财政支出	亿元
ex	教育经费	教育经费支出	万元

表 4 - 2　模型被解释变量名称和含义

被解释变量	名　称	含　义	单　位
ep	就业总量	城镇就业人员数量	万人
fe	就业结构	第一产业就业人员比例	%
te	劳动力就业技能	1. 低技能劳动力：初中以下就业人员数/就业人员总量 * 100%； 2. 中技能劳动力：初中及高中就业人员数/就业人员总量 * 100%； 3. 高技能劳动力：大专及以上就业人员数/就业人员总量 * 100%	%

此外，本研究还对有关数据进行了价格指数处理，排除了物价变化的影响。

第二节　面板模型构建

为了更好地分析产业转移与就业总量、就业结构以及劳动力就业技能之间的关系，本章使用2001～2015年各省、自治区、直辖市数据构建面板模型来进行数据分析处理，分别从东、中、西部地区建立总共15个面板数据模型。在对所有变量进行对数化处理后，面板数据模型分别如下所示：

$$\ln ep_{itp} = a_{11} \ln im_{itp} + a_{12} \ln ag_{tp} + a_{13} \ln as_{tp}$$
$$+ a_{14} \ln is_{tp} + a_{15} \ln fs_{tp} + u_i + v_{itp} \qquad (1)$$

$$\ln fe_{itp} = a_{21} \ln im_{itp} + a_{22} \ln ag_{tp} + a_{23} \ln as_{tp}$$
$$+ a_{24} \ln is_{tp} + a_{25} \ln fs_{tp} + u_i + v_{itp} \qquad (2)$$

$$\ln te_{itp}(H) = a_{31} \ln im_{itp} + a_{32} \ln ag_{tp} + a_{33} \ln as_{tp} + a_{34} \ln is_{tp}$$
$$+ a_{35} \ln fs_{tp} + a_{36} \ln ex_{tp} + u_i + v_{itp} \qquad (3)$$

$$\ln te_{itp}(M) = a_{41} \ln im_{itp} + a_{42} \ln ag_{tp} + a_{43} \ln as_{tp} + a_{44} \ln is_{tp}$$
$$+ a_{45} \ln fs_{tp} + a_{46} \ln ex_{tp} + u_i + v_{itp} \qquad (4)$$

$$\ln te_{itp}(L) = a_{51} \ln im_{itp} + a_{52} \ln ag_{tp} + a_{53} \ln as_{tp} + a_{54} \ln is_{tp}$$
$$+ a_{55} \ln fs_{tp} + a_{56} \ln ex_{tp} + u_i + v_{itp} \qquad (5)$$

其中，下角标t代表时间，i代表不同省份，p分别代表东、中、西部地区省份，因此上述模型（1）（2）（3）（4）（5）分别表示三个区域模型，其中（3）（4）（5）为东、中、西部地区高、中、低技能劳动力的面板数据模型，共有15个面板数据模型。u_i代表不可观测的省份特征，为随机误差项，u_i和v_{itp}共同作为模型的误差项。模型采用对数线性形式，以便得到产业转移对就业总量、就业结构以及劳动力就业技能的影响系数，并减弱可能存在的异方差问题。

第三节　数据描述

本章主要运用Stata 12数据分析软件对所选取的变量以及数据

结果进行回归面板数据处理，在得到估计结果之前需要对选取变量的数据进行基本数据统计描述，以观测数据质量。本章选取了全国31个省、自治区、直辖市 2001～2015 年的面板数据，数据基本统计量如表 4-3 所示。

表 4-3　面板回归模型的各变量描述性统计量

变　量	名　　称	观测值	均　值	标准差	最小值	最大值
ep	就业总量（万人）	465	646.4093	461.5	23.9	2792.6
fe	就业结构（%）	465	3.94	5.56	0.1	37.2
te	劳动力就业技能（高%）	465	1.62	1.86	0	16.2
te	劳动力就业技能（中%）	465	28.2	6.36	3.25	38.2
te	劳动力就业技能（低%）	465	25.84	3.72	8.6	32.97
im	产业转移（%）	465	0.036	0.0333	0.00022	0.137
ag	人均GDP（元）	465	22723.18	17401.9	3000	93173
as	平均工资（元）	465	25094.27	13379.6	7908	84742
is	固定资产投资（亿元）	465	5015.2	5367.5	83.26	31256
fs	财政支出（亿元）	465	1762.15	5636.31	0.31	107188.3
ex	教育经费（万元）	465	3750560	3155584	103045	18800000

第四节　模型分析结果

为了判定是使用混合估计法、固定效应估计法还是随机效应估计法，将上述模型（1）（2）（3）（4）（5）经过 F 检验与 Hausman 检验之后，P 值均小于 0.05，均拒绝原假设，表示上述面板数据模型都应该选用固定效应模型而非随机效应模型。

一　数据平稳性检验

从理论上讲，不平稳的变量之间不存在回归关系，因此在对回归模型进行回归之前需要对所选取的变量进行平稳性检验，其检验结果见表4-4。其中，在对不同技能劳动力就业变量进行平稳性检验时，由于本章选取的高、中、低技能劳动力数据是非平衡数据，因此本章采用Fisher检验来验证所选取的不同技能劳动力数据的平稳性（见表4-5）。

表4-4 部分数据变量平稳性检验结果

变量名称		LLC	IPS	检验结果
就业总量	原值	0	1	不平稳
	一阶差分值	0	0	平稳
产业转移	原值	0.1902	0.9931	不平稳
	一阶差分值	0	0	平稳
固定资产投资	原值	0	0.996	平稳
	一阶差分值	—	—	
平均工资	原值	0	0.9893	平稳
	一阶差分值	—	—	
人均GDP	原值	0.0001	1	平稳
	一阶差分值	—	—	
财政支出	原值	1	0.0246	平稳
	一阶差分值	—	—	
就业结构	原值	0.9601	0	平稳
	一阶差分值	0	0	平稳
教育经费	原值	0.1088	0.9994	不平稳
	一阶差分值	0	0	平稳

表4-5 劳动力就业技能变量的数据平稳性检验结果

变量名称		Fisher检验值		平稳性检验结果
高技能劳动力就业比例	原值	P	1	不平稳
		Z	1	
		L^*	1	
		Pm	1	
	一阶差分值	P	0	平稳
		Z	0	
		L^*	0	
		Pm	0	

变量名称		Fisher 检验值		平稳性检验结果
中技能劳动力就业比例	原值	P	1	不平稳
		Z	1	
		L*	1	
		Pm	0.9999	
	一阶差分值	P	0	平稳
		Z	0	
		L*	0	
		Pm	0	
低技能劳动力就业比例	原值	P	0.9995	不平稳
		Z	1	
		L*	1	
		Pm	0.9966	
	一阶差分值	P	0	平稳
		Z	0	
		L*	0	
		Pm	0	

检验结果表明，变量固定资产投资、平均工资、人均 GDP、财政支出和就业结构的原始时间序列数据 2001～2015 年是平稳序列，而其他变量的原始时间序列数据 2001～2015 年是非平稳序列，因此分别对这些非平稳变量进行一阶差分处理，得到所有变量数据同时是平稳序列。由于所选取变量都是同阶平稳，因此可以对模型进行协整检验。

二　协整检验

为了验证模型变量之间的长期相关性，本章将对上述面板数据模型（1）（2）（3）（4）（5）（分别为模型一、模型二、模型三、模型

四、模型五）进行协整检验。其检验结果见表4-6至表4-10。

表4-6　就业总量影响效应模型一协整检验结果

Statistic	Value	Z - value	P - value
Gt	- 2.538	- 4.504	0.000
Ga	- 3.291	4.029	1.000
Pt	- 16.799	- 7.223	0.000
Pa	- 4.495	- 0.198	0.421

表4-7　就业结构调整效应模型二协整检验结果

Statistic	Value	Z - value	P - value
Gt	- 6.798	- 27.664	0.000
Ga	- 19.178	- 10.134	0.000
Pt	- 55.587	- 36.819	0.000
Pa	- 11.296	- 6.195	0.0002

表4-8　高技能劳动力就业效应模型三协整检验结果

Statistic	Value	Z - value	P - value
Gt	- 1.850	- 0.764	0.222
Ga	- 2.521	4.715	1.000
Pt	- 6.658	0.515	0.697
Pa	- 2.584	1.486	0.931

表4-9　中技能劳动力就业效应模型四协整检验结果

Statistic	Value	Z - value	P - value
Gt	- 3.052	- 7.298	0.000
Ga	- 4.250	3.174	0.999
Pt	- 13.023	- 4.342	0.000
Pa	- 4.805	- 0.472	0.319

表 4 – 10 低技能劳动力就业效应模型五协整检验结果

Statistic	Value	Z – value	P – value
Gt	– 1.619	0.490	0.688
Ga	– 2.697	4.558	1.000
Pt	– 8.789	– 1.111	0.133
Pa	– 3.329	0.829	0.797

从五个模型的协整检验结果来看，除了高技能劳动力就业效应模型三的协整检验结果存在不通过的现象，其他模型协整检验结果都通过。模型三之所以反映高技能劳动力就业与产业转移不存在长期相关关系，是因为本章产业转移选取的是工业增加值数据，其更多的是工业制造业的数据指标，而高技能劳动力以受教育程度作为指标选取依据，受教育程度高的劳动力更多的是往第三产业转移，因此高技能劳动力与工业产值的长期相关性不大，这与后文模型结果中出现的高技能劳动力与产业转移不存在显著关系存在一致性。但这并不能否定理论上产业转移会带来劳动力就业技能提升效应，也不能就此判断产业转移的劳动力就业技能提升效应不存在。

三 我国区域产业转移的就业总量影响效应模型分析

将模型一分东、中、西三个区域模型进行面板数据对数回归处理，结果见表 4 – 11。

表 4 – 11 就业总量影响效应模型一估计结果

模型一	模型（东部）	模型（中部）	模型（西部）
lnim	– 0.419 ***	0.290 ***	– 0.365 ***
	（– 3.91）	（4.25）	（– 5.02）

模型一	模型（东部）	模型（中部）	模型（西部）
lnfs	−0.003	0.340***	0.000
	（−0.11）	（3.64）	（0.04）
lnis	−0.380***	−0.258***	−0.002
	（−5.87）	（−4.25）	（−0.02）
lnas	−0.475***	−0.337**	−0.500***
	（−4.06）	（−2.20）	（−3.22）
lnag	1.514***	0.457***	0.830***
	（11.42）	（2.95）	（5.21）
_cons	−2.238***	6.143***	1.037
	（−3.84）	（7.80）	（1.20）
R^2	0.881	0.877	0.757
N 值	132.000	96.000	144.000
F 值	196.66	138.12	92.38
P 值	0.0000	0.0000	0.0000

注：*、**、***分别表示在10%、5%和1%的水平上显著。

从回归估计结果可以看出，东、中、西部地区的面板数据模型R^2分别为0.881、0.877和0.757，模型拟合度较高。并且从回归结果的显著性来看，产业转移与我国东部、中部、西部地区的劳动力就业总量都存在显著关系，并且显著性都达到1%水平。同时从回归系数的结果来看，中部地区就业效应模型的常数项和自变量系数的P值均小于0.05；东部地区就业效应模型除了财政支出对就业总量不存在显著关系外，其他自变量和常数项系数的P值均小于0.05；西部地区就业效应模型只有平均工资、人均GDP和产业转移对就业总量存在显著关系，且其系数P值均小于0.05。由此可以得出我国东部、中部、西部地区的区域产业转移对其就业总量存在显著相关性，其影响系数分别为−0.419、0.29和−0.365，表现为东部地区和西部地区的产业转移对就业总量存在负效应，即在剔除物价等因素影响的假设条件下，2001～2015 年，我国东部、西部地区产业转移在 1% 的水平上对其就业总量的影响是显著的，其产业转移变化 1% 分别带来 0.419% 和 0.365% 的就业总量减少，而对于中部地区而言，其产业转移对就业总量存在正效应，即在剔除物价等因素影响的假设条件下，2001～2015 年，我国中部地区产业转移在 1% 的水平上对其就业总量的影响是显著的，产业转移变化 1% 带来 0.29% 的就业总量增加。

四 我国区域产业转移的就业结构调整效应模型分析

将模型二分东、中、西三个区域模型进行面板数据对数回归处理，结果见表 4 - 12。

表 4 - 12 就业结构调整效应模型二估计结果

模型二	模型（东部）	模型（中部）	模型（西部）
ln*im*	1.479	- 11.804 ***	- 8.720 **
	(0.39)	(- 6.21)	(- 2.48)
ln*fs*	0.609	- 2.593	- 0.325
	(0.56)	(- 1.00)	(- 0.55)
ln*is*	4.994 **	- 1.350	- 2.633
	(2.15)	(- 0.80)	(- 0.70)
ln*as*	- 8.410 **	0.729	- 28.572 ***
	(- 2.00)	(0.17)	(- 3.81)
ln*ag*	- 2.367	6.229	28.164 ***
	(- 0.50)	(1.45)	(3.65)
_ *cons*	70.629 ***	- 73.773 ***	3.693
	(3.38)	(- 3.37)	(0.09)

续表

模型二	模型（东部）	模型（中部）	模型（西部）
R^2	0.592	0.424	0.586
N 值	132	96	144
F 值	4.64	16.4	4.95
P 值	0.0007	0.0000	0.0004

注：*、**、***分别表示在10%、5%和1%的水平上显著。

从回归估计结果可以看出，东、中、西部地区的面板数据模型 R^2 分别为0.592、0.424和0.586，模型拟合度较好。从回归结果的显著性来看，除了东部地区，中部、西部地区产业转移与就业结构调整的关系较为显著，而其他自变量与就业结构调整的关系不确定。从回归系数的结果来看，东部地区的平均工资、固定资产投资以及常数项系数的 P 值小于0.05；中部地区只有产业转移自变量系数和常数项系数的 P 值小于0.05；西部地区的产业转移、平均工资、人均GDP自变量系数的 P 值小于0.05。由此可以得出中部、西部地区的产业转移与其就业结构存在显著相关性，并且系数分别为 -11.804 和 -8.720，表现为中、西部地区的产业转移会带来就业结构的变化，即在剔除物价水平变化等因素的假设条件下，2001~2015年，我国中部地区和西部地区分别在1%和5%的水平上对其就业结构的变化影响是显著的，中部地区和西部地区的产业转移变化1%会分别带来11.804%和8.72%的农业人口的减少，进而使其进入第二、三产业。但西部地区的就业结构变化也受平均工资和人均GDP的影响，而中部地区就业结构的变化与平均工资、人均GDP等其他变量关系并不确定，东部地区的就业结构变化与产业转移关系并不显著，其更多受平均工资、固定资产投资的影响。

五 我国区域产业转移的劳动力就业技能提升效应模型分析

将模型三分高、中、低技能劳动力就业三个模型进行面板数据对数回归处理，结果见表4-13。

表4-13 东部地区劳动力就业技能提升效应模型三估计结果

模型三	模型（高技能）	模型（中技能）	模型（低技能）
lnim	0.303	0.126	-0.306
	(0.33)	(0.07)	(-0.22)
lnfs	0.223	0.163	-1.308***
	(0.86)	(0.33)	(-3.37)
lnis	-2.067***	1.682	1.589*
	(-3.71)	(1.59)	(1.91)
lnas	7.647***	-12.139***	-1.513
	(7.69)	(-6.41)	(-1.01)
lnag	0.464	1.539	-2.774
	(0.40)	(0.69)	(-1.58)
lnex	-3.125***	8.068***	2.101**
	(-4.93)	(6.68)	(2.21)
_$cons$	-15.657**	1.685	30.461***
	(-2.39)	(0.14)	(3.11)
R^2	0.685	0.461	0.387
N值	132	132	132
F值	50.14	21.37	16.44
P值	0.0000	0.0000	0.0000

注：*、**、***分别表示在10%、5%和1%的水平上显著。

从回归估计结果可以看出，东部地区高技能、中技能、低技能劳动力就业变化的面板数据模型R^2分别为0.685、0.461和0.387，模型拟合度较好。从回归结果的显著性来看，东部地区的产业转移对不同技能劳动力就业变化的影响不确定，说明从数据统计的角度来看，东部地区的产业转移对不同技能劳动力就业并不存在影响，但从我国东部地区实际发展情况来看，其产业转移更多地表现为工业制造业的转出，高新技术型产业或者制造业自身的转型升级是东部地区产业发展的主要特点，因此东部不同技能劳动力就业的变化与产业升级、产业发展关系密切，而本章选取的产业指标数据主要是工业产业增加值，在统计数据上出现其与不同技能劳动力就业变化相关性不显著是合理的，并不能否认东部地区产业转移带来了劳动力就业技能的提升。从回归系数的结果来看，中、高技能劳动力就业受平均工资的影响较大，其显著性系数分别为 – 12.139 和 7.647，即平均工资提升 1%，中技能劳动力就业减少 12.139%，而高技能劳动力就业增加 7.647%。

将模型四分高、中、低技能劳动力就业三个模型进行面板数据对数回归处理，结果见表 4 – 14。

表 4 – 14　中部地区劳动力就业技能提升效应模型四估计结果

模型四	模型（高技能）	模型（中技能）	模型（低技能）
lnim	0.324	4.274**	– 2.516**
	(0.97)	(2.56)	（ – 2.22）
lnfs	0.901*	4.239*	– 3.652**
	(1.99)	(1.86)	（ – 2.36）
lnis	– 1.069***	– 1.768	2.541***
	（ – 3.78）	（ – 1.25）	(2.64)
lnas	0.132	– 1.132	– 0.186
	(0.17)	（ – 0.30）	（ – 0.07）
lnag	2.108***	– 0.817	– 1.316
	(2.90)	（ – 0.22）	（ – 0.53）
lnex	– 1.284***	0.262	2.291*
	（ – 3.62）	(0.15)	(1.89)

模型四	模型（高技能）	模型（中技能）	模型（低技能）
_ cons	2.323	45.973*	2.727
	(0.48)	(1.90)	(0.17)
观测值	372	372	372
R^2	0.633	0.479	0.238
N 值	96	96	96
F 值	29.44	16.75	16.75
P 值	0.0000	0.0000	0.0000

注：*、**、***分别表示在10%、5%和1%的水平上显著。

从回归的估计结果可以看出，中部地区高、中、低技能劳动力就业变化的面板数据模型 R^2 分别为0.633、0.479和0.238，模型拟合度较好。从回归结果的显著性来看，除了高技能劳动力就业外，中部地区的产业转移与中、低技能劳动力就业变化存在显著性关系；从回归系数的结果来看，中部地区产业转移对中、低技能劳动力就业的显著性系数分别为4.274和 - 2.516，即中部地区的产业转移对中技能劳动力就业带来正效应，而对低技能劳动力就业带来负效应，因此，在剔除物价变化等影响因素的假设条件下，2001 ~ 2015年，中部地区产业转移在5%的水平上对中、低技能劳动力就业变化的影响是显著的，即中部地区承接产业转移增加1%，中技能劳动力就业增加4.274%，同时低技能劳动力就业减少2.516%，技能提升效应明显。此外，从统计分析结果的数据表现来看，中部地区的高技能劳动力就业变化与其承接产业转移就业变化相关性仍然不显著，说明高技能劳动力受产业转移的影响不大，而更多的与产业自身发展有关，但产业转移与产业自身发展密不可分，因此从中部地区产业转移对高、中、低技能劳动力就业的影响变化来看，产业转移对劳动力就业技能提升方面的影响主要是通过中技能劳动力就业的增加来体现的。

将模型五分高、中、低技能劳动力就业三个模型进行面板数据对数回归处理,结果见表4-15。

表4-15 西部地区劳动力就业技能提升效应模型五估计结果

模型五	模型（高技能）	模型（中技能）	模型（低技能）
lnim	0.500*	-3.177**	4.752**
	(1.75)	(-2.43)	(5.74)
lnfs	-0.126	-0.041	0.282**
	(-0.47)	(-0.19)	(2.10)
lnis	-1.248**	2.446*	0.333
	(-2.15)	(1.82)	(0.39)
lnas	0.300	-9.002***	9.308***
	(0.46)	(-3.36)	(5.45)
lnag	0.083**	8.634***	-9.251***
	(2.05)	(2.83)	(-4.75)
lnex	-0.000***	-0.916	-0.127
	(-3.88)	(-0.72)	(-0.16)
_cons	6.815*	11.600	21.977**
	(1.76)	(0.78)	(2.31)
观测值	372	372	372
R^2	0.474	0.448	0.264
N 值	144	144	144
F 值	24.44	22.21	11.37
P 值	0.0000	0.0000	0.0000

注:*、**、***分别表示在10%、5%和1%的水平上显著。

从回归的估计结果可以看出,西部地区高、中、低技能劳动力就业变化的面板数据模型 R^2 分别为0.474、0.448和0.264,模型拟合度较好。从回归结果的显著性来看,西部地区的产业转移与高、中、低技能劳动力就业变化存在显著性关系；从回归系数的结果来看，西部地区产业转移对高、中、低技能劳动力就业的显著性系数分别为 0.5、-3.177 和 4.752，表现为西部地区的产业转移对中技能劳动力就业带来负效应，而对高、低技能劳动力就业带来正效应，因此在剔除物价变化等因素的假设条件下，2001~2015 年，西部地区在 10% 的水平上对其高技能劳动力就业变化的影响是显著的，而在 5% 的水平上对其中、低技能劳动力就业变化的影响是显著的，即西部地区承接产业转移增加 1%，高技能劳动力就业增加 0.5%、中技能劳动力就业减少 3.177%，同时低技能劳动力就业增加 4.752%，低技能劳动力就业增加幅度大于高技能劳动力就业。从劳动力技能层次划分的角度来看，西部地区技能提升效应存在，但并不明显。这与西部地区自身承接产业转移还没有进入发挥产业集聚效应阶段，即产业发展与就业结构调整存在一定的滞后性有关。因此从西部地区整体劳动力技能水平的变化和用"技能劳动力就业"这个指标来反映劳动力就业技能水平变化的角度来看，西部承接产业转移的技能提升效应并没有很好地体现出来。

第五节　数据估计结果的理论解释

本章根据第二、三章我国区域产业转移就业效应的研究框架和理论机制，对我国区域产业转移对东、中、西部地区的就业总量、就业结构以及劳动力就业技能的影响效应进行了实证验证分析。

一　就业总量影响效应结果的理论解释

从我国区域产业转移就业总量影响效应的估计结果来看，产业转移对东、中、西部地区的就业总量变化影响都较为显著，其中东部地区产业转移（主要是产业转出）对就业规模的影响效果存在负效应，说明就目前来说东部地区产业转移未能有效拉动就业，反而会带来就业总量的减少，这与前述理论部分是相符合的，同时也符合我国目前经济发展状态。改革开放以来，我国东部地区经济的迅速崛起促进了劳动力的大量流入，随着我国经济新常态的形成以及产业经济结构的不断调整，以及东部地区资源、土地、劳动力成本不断攀升，产业转出迫在眉睫，同时东部地区产业转型升级所带来的资本替代劳动力的现象明显，其就业排挤效应也是东部地区就业总量下降的主要原因。由于转出产业以工业制造业和劳动密集型产业为主，因此随着东部地区产业转出的逐步推进，劳动力回流现象开始明显，东部地区劳动力就业减少以低端劳动力就业流失为主。虽然东部地区产业转型升级带来的就业拉动效应同时在发生，但仍然要警惕大量产业转出带来的劳动力市场失业风险。中部地区承接产业转移所带来的就业拉动效应较为明显，这与理论假设结论一致，说明产业转移对中部地区的劳动力市场而言，是扩大就业量的主要途径之一，同时理论和实证的分析结果可以表明，中部地区的产业转移不仅仅是某一行业的转移，同时还转来了与之配套的相关产业，带动了当地配套产业和服务业的同步发展，共同促进了本地区的就业。西部地区承接产业转移所带来的就业总量变化存在明显的负效应，即西部地区承接产业转移并没有很好地拉动就业总量的增加，这与西部地区目前还没有很好地跟进产业转移配套措施以完善承接过来的产业更好地发挥市场拉动就业的作用有关。西部地区产业转入尚处于起步阶段，相关配套产业与服务业未能有效建立，因此造成制造业内迁的就业挤出效应。成规模的大型制造业企业的转入可能导致当地原有小型劳动密集型产业兼并重组或是直接破产。同时由于配套产业和第三产业未能充分发展，缺乏容纳剩余劳动力的空间，因此造成了产业转移后的就业规模的减小。但从全国劳动力就业总量变化来看，我国劳动力就业市场持续保持稳定，这主要有两方面的原因：一是虽然我国经济增长速度开始下降，但从全球角度来看，我国经济发展速度仍然处于高位，并且我国经济发展基础体量大，其带动就业总量增长的效应不会明显减弱；二是我国化解产能过剩、劳动密集型产业转出所带来的就业转移以及产业转型升级所带来的就业排挤效应虽然存在大面积失业的风险，但由于我国地方政府针对产业发展所出台的相关政策不仅要保证产业结构顺利调整和当地经济稳定发展，同时更重要的是化解由产业转移或者其他相关原因所带来的劳动力失业风险，保证了我国劳动力市场的整体就业稳定性。

二 就业结构调整效应结果的理论解释

从我国区域产业转移就业结构调整效应的估计结果来看，中、西部地区的产业转移会带来更多的第一产业就业人口的减少，对于其就业结构而言，产业转移会使更多的第一产业人口向第二、三产业转移。这与经济理论中产业结构和就业结构发展规律相符合，同时也符合目前我国产业转移过程中中西部地区就业结构向二、三产业转移的规律，因为我国产业转移主要以工业制造业为主，对于中西部地区而言，目前工业制造业吸纳就业的能力仍然较大，特别是为农村富余劳动力就近就地就业提供了主要渠道。但从东部地区来看，其第一产业就业人口变化与产业转移（产业转出）相关性并不显著，这与东部地区本身的社会经济发展有关，经过多年的工业化经济发展，东部地区农村富余劳动力转移已经基本完成，反而一直在吸纳中西部地区的劳动力，同时东部地区现代农业经济的发展也促进了其第一产业的转型升级，因此在数据统计结果上东部地区的第一产业人口变化与产业转移或者产业发展关联性不大。

三　劳动力就业技能提升效应结果的理论解释

从我国区域产业转移劳动力就业技能提升效应的估计结果来看，由于本章选取的产业转移指标主要以规模以上工业增加值为主，因此从数据表现上来看我国东部地区高技能劳动力就业变化与产业转移相关性并不显著，其更多的与平均工资紧密相关。但从劳动力就业技能提升效应来看，数据估计结果与预期理论假设是一致的。从中西部地区不同技能劳动力就业的变化来看，中部地区所承接的产业转移对其中技能劳动力就业存在正向效应，而对低技能劳动力就业存在负向效应，其劳动力就业技能提升效应主要表现在中技能劳动力就业增加，低技能劳动力就业减少，这与中部地区的工业经济发展正处于高峰期有关。目前我国中部地区经济崛起主要是新型工业制造业等主导产业发展的结果，因此其对劳动力就业的技能要求已经从原来工业化初期对低技能劳动力的需求上升为对中、高技能劳动力的需求。而西部地区仍以低技能劳动力需求为主，中技能劳动力转移到其他地区的趋势明显。这是因为西部多数省份才刚刚开始进入工业化初级阶段或者工业化进程时间较短，并且所承接的产业主要是以低端劳动力需求为主的劳动密集型产业，其对劳动力就业技能要求较低，所以低技能劳动力就业增加。而从数据分析结果来看，西部地区高技能劳动力就业受产业转移的影响是正向的，但影响程度低于低技能劳动力就业，这是因为西部地区目前尚处于工业化初级阶段，承接的产业仍以劳动密集型产业为主，其吸纳中、高技能劳动力的能力较小。中、高技能劳动力向其他地区转移是符合目前我国西部地区经济发展需求的，但相对于西部地区过去的劳动力技能层次而言，从低技能劳动力向高技能劳动力转变的劳动力就业技能提升过程在西部地区是存在的。

本章小结

本章以实证分析为主，目的是检验前面建立的我国区域产业转移对就业影响理论体系的科学性，探究目前我国区域产业转移就业效应的实现程度，探析我国东部地区、中部地区以及西部地区产业转移在就业总量、就业结构以及劳动力就业技能方面的影响程度。

第一，本章对实证模型的解释变量和被解释变量进行理论解释和选择，根据文献研究成果以及数据的可获得性、可操作性原则，将我国 31 个省、自治区、直辖市的城镇就业人员数量、第一产业就业人员比例以及就业人员的受教育程度比例作为被解释变量就业总量、就业结构和劳动力就业技能的衡量指标；将各省份规模以上工业增加值比例作为自变量产业转移的衡量指标，将固定资产投资、财政支出、平均工资、人均 GDP、教育经费作为其他自变量。在变量选择后，建立 2001 ~ 2015 年我国 31 个省、自治区、直辖市的面板数据模型，对面板数据模型进行协整检验以判断模型的长期相关性，同时对所选取的变量进行平稳性检验，对不平稳变量进行平稳处理，最终形成可以通过 Stata 12 数据分析软件运行面板数据回归的模型。

第二，从就业总量影响效应的估计结果来看，我国产业转移在东、中、西部地区的就业总量影响效应明显。其中东部地区（转出）和西部地区（承接）的产业转移会带来就业总量的减少，而中部地区的产业转移会带来就业总量的增加。此估计结果是符合我国区域产业转移对就业总量影响的理论机制的，也是符合我国目前产业经济发展趋势的。当前我国东部地区由于劳动力成本等生产要素价格不断提升，以劳动密集型产业为主的工业制造业转出带来当地就业减少的负面效应逐步显现；中部地区经济逐渐崛起，其承接产业转移吸纳劳动力就业的能力也逐步显现；西部地区承接产业转移过程中出现的就业总量下降是由于目前我国西部地区的产业转移配套措施跟进的步伐较慢，其产业聚集效应尚处于初级阶段，劳动力流出的现象依然没有得到根本性改变。从全国总体就业总量形势来看，我国劳动力就业市场持续保持稳定，每年新增就业总量仍然保持高位增长，其原因有二：一是经济增速依然在6%以上，属于高位增长区；二是我国政策性产业结构调整带来的失业风险被国家高度重视下岗、失业人员再就业等政策所化解。

第三，从就业结构调整效应来看，中、西部地区承接产业转移对劳动力从第一产业向第二、三产业转移的趋势产生了正向效应，但从东部地区来看，其第一产业就业人口变化与产业转移（转出）相关性并不显著。此结果也符合产业转移过程中劳动力就业结构变化的规律。东部地区出现的不显著结果主要与东部地区的社会经济发展有关，其多年以来的工业化经济发展带来劳动力城乡结构变化的现象转弱，其农村富余劳动力转移基本完成，同时现代农业经济也较为发达，因此东部地区的产业转移与劳动力城乡就业结构变化相关性不大。

第四，从劳动力就业技能提升效应来看，我国区域产业转移劳动力就业技能提升效应在中部地区较为显著，西部地区劳动力就业技能提升效应尚处于初始阶段，而东部地区的产业转移以工业制造业的转出为主，其劳动力就业技能提升与产业转移相关性不大，而更多的与平均工资紧密相关。由于本章选取的产业转移指标主要以规模以上工业增加值为主，因此从数据表现上来看，我国东部地区高技能劳动力就业变化与产业转移相关性并不显著；中部地区的技能提升效应主要表现为低技能劳动力就业的减少和中技能劳动力就业的增加；西部地区由于本身经济发展水平和产业发展尚处于初级阶段等，其劳动力就业技能提升效应并不明显，中技能劳动力流失现象明显，以劳动密集型产业吸纳低技能劳动力为主。

第五章　基于区域产业转移对就业影响的政策建议

　　我国区域产业转移从区域经济协调性发展的角度来看是一种政府行为，但实质上其是一种市场行为。长期以来，地方政府在我国的产业布局中始终起着举足轻重的作用，以地方政府为主导的产业转移曾一度成为我国产业区域转移的主要形式，但地方政府对产业的过度介入违背了市场发展的规律，因此在市场经济环境下，以市场为主导，用市场化方式实现产业转移，既是产业发展的客观规律，也是区域间建立协调、稳固的经济关系的客观要求，但同时要正确发挥政府在宏观经济调控中的指导作用，为区域产业转移提供有效的发展平台和政策保障。本章在上述关于我国区域产业转移就业效应的理论与实证的基础上，从我国区域产业转移与劳动力就业的价值判断上分别从全国、东部地区、中部地区、西部地区层面提出关于我国产业转移与就业的政策与措施。

第一节　区域产业转移与劳动力就业关系的价值判断

　　在提出区域产业转移与劳动力就业相关政策措施之前，首先需要对政策对象进行价值判断，即明确政策的主要目的是优先保证区域产业转移顺利进行还是要优先保证劳动力市场就业稳定。这是政策研究的重要内容之一，只有结合相关理论与实践的正确性，厘清政策措施的针对性，才能提出具有实际意义和操作性强的政策建议。因此在提出基于我国区域产业转移就业效应的政策建议之前，应对我国产业转移与劳动力就业的关系进行价值判断，分析我国区域产业转移与劳动力就业的内在逻辑关系。

我国区域产业转移与劳动力就业的关系实质上是产业空间布局与人力资源配置变动的关系。区域产业转移是对产业结构的区域性调整，由于要素结构和价格的差别因素，一般由发达地区向不发达地区转移，主要表现形式以区域间贸易、资本技术投资为主，其中伴随着要素的流动与聚集，劳动力转移是产业转移过程中的重要表现形式；劳动力区域性就业转移主要通过劳动力流动带来人力资源的空间配置，主要是指劳动力在产业间、部门间、职业间的转换与转移，一般是由欠发达地区向发达地区、农村向城市、传统部门向现代部门转移。因此从我国区域产业转移与劳动力就业的内涵可以发现我国区域产业转移与劳动力就业存在内在联系，同时也存在较为突出的不一致性。

在学术界，主要存在两类关于产业转移与劳动力空间分布的研究结果：一是产业转移决定劳动力流向；二是劳动力流动决定产业转移方向。从产业转移决定劳动力流向的角度来看，学者研究的一般经济理论基础是产业决定论，即产业向何处转，往往会导致相关要素的集聚与分散，其中新地理经济学指出企业一般会由于运输成本、内部规模经济以及知识的溢出和外部性而选择进行较大规模的聚集而不是外迁，聚集效应带来劳动力聚集的结果。[①] 蔡昉从我国劳动力成本优势的角度指出我国产业从东部向中西部地区转移的趋势将使剩余劳动力可以在中西部地区找到与东部地区相同的工作，进而将会使劳动力成本优势延续近十年，促进我国再继续利用中国的普通劳动力以及人力资本这一比较优势。从劳动力流动决定产业转移方向的角度来看，樊士德提出"劳动力转移刚性"概念，即由于地区差距、效用偏好等，我国劳动力从欠发达地区向发达地区流动后呈现不回流的趋向[②]，而产业转移的现实典型特征是现阶段东部地区劳动密集型产业向中西部内迁投资，其表明劳动力成本、层次以及质量是我国产业区位选择的首要考虑因素，因此劳动力区域性就业与劳动力流动对产业转移发展的质量具有重要的影响。罗浩、吴安等学者从我国区域产业转移的障碍因素角度出发，认为中国劳动力从中西部地区向东部地区流动的基本态势没有改变，因此东部地区劳动力低成本的竞争优势将会得到维系，成为产业转移的阻碍因素。[③] 此外，刘新争指出劳动力流向将决定产业转移的趋势和方向，即目前我国劳动力流动已经由"孔雀东南飞"改变为就地就近就业，这一劳动力流动的新动态将使产业转移的方向保持一致，并且继续发挥劳动力成本竞争优势，同时实现发达地区的产业升级和欠发达地区的工业化进程。[④]

① Paul Krugman, "The Increasing Returns Revolution in Trade and Geography," *The American Economic Review*, 2009 (3): 561–571.

② 樊士德、姜德波：《劳动力流动、产业转移与区域协调发展——基于文献研究的视角》，《产业经济研究》2014 年第 4 期，第 103~105 页。

③ 罗浩：《中国劳动力无限供给与产业区域粘性》，《中国工业经济》2003 年第 4 期，第 53~58 页；吴安：《中国产业及劳动力逆向流动分析——以重庆与北京、广东的比较为例》，《中国工业经济》2004 年第 12 期，第 12~19 页。

④ 刘新争：《比较优势、劳动力流动与产业转移》，《经济学家》2012 年第 2 期，第 45~50 页。

本章基于产业转移就业效应的理论与实证分析认为，我国区域产业转移与劳动力流动是互为因果的关系。从我国长期以来的区域经济发展情况来看，东部地区由于之前承接国际产业转移、国家相关政策支持以及本身的地理优势条件等，通过产业转移的主要形式在沿海地区聚集了大量的生产制造企业，由此产生的聚集效应带来了市场经济的规模化，更为重要的是吸引了大量中西部地区的劳动力聚集在东部地区，形成劳动力成本优势，促进东部地区产业进一步发展和优化。劳动力对资本的形成与发展具有重要的促进作用，东部地区制造业之所以能够迅速发展，主要得益于劳动力向东部地区聚集产生的成本优势。基于此，我们认为劳动力流动与产业转移的因果关系不能单独分开来看，而要从整体上进行判断和分析，进而得出目前我国产业由东部地区向中西部地区转移的趋势是市场选择的结果，其转移趋势会引起劳动力资源的空间分布变动，但同时劳动力回流会促进中西部地区承接的转移产业进一步发展和集聚，最后达到区域经济的协同发展。

第二节　实施就业优先战略的产业转移策略

从全国整体层面来看，在新一轮的产业转移大潮中，应该以就业优先战略指导产业转移以及产业结构调整的开展。从上述关于产业转移与劳动力就业关系的价值判断中可以得出我国产业空间分布与人力资源配置是互为因果的关系，因此中央以及地方政府的政策制定要以产业转移与劳动力就业协调发展为目标，将产业发展政策与就业促进政策充分结合，使产业发展最大限度地带动就业增长。政府在产业规划、财税、金融、贸易、户籍管理等方面工作中，应全盘统筹、加强推进更加积极的就业促进政策。本着就业优先的原

则，结合现行就业扶持政策，形成促进就业的综合性政策体系。在落实产业发展规划过程中，结合产业转移与产业转型升级的特点，提前研究探索新的就业增长点。在我国的工业化进程中，城镇化的步伐相对落后，难以吸纳大量的农业剩余劳动力转移就业，同时产业结构调整、资本有机构成提高使得劳动力资本不断降低，就业岗位减少，富余劳动力增加，就业压力不断增加。因此就业增长与产业结构调整存在一定的矛盾，但产业结构调整又会带来高质量的就业岗位。当前我国实施就业优先战略就是要在产业转移以及产业结构调整时优先考虑就业问题，要在就业总量稳步增加的同时更大限度地提升劳动力就业技能、改善劳动环境和条件、合理调整就业结构。

要素导向型产业是吸纳劳动力就业的主导产业，其中劳动密集型产业吸纳就业的能力是保持我国就业总量持续稳定的主要因素。目前由于我国劳动力成本整体上升，劳动密集型产业逐渐流失于海外，我国中低端劳动力面临严重的失业风险。因此，针对产业转移过程中出现的因产业淘汰所造成的失业情况以及要素密集型产业迁移造成的人力资源流失情况，我国中央及地方政府应继续发挥失业保险基金促进就业、稳定就业的职能，将产业转移政策与促进就业政策有机结合，最大限度地发挥要素密集型产业吸纳就业的能力。对于市场开拓型产业转移而言，要完善社会主义市场经济体制，建立产业就业关联机制，有效发挥市场经济带动产业发展的功能，推动市场开拓型产业转移的经济拉动效用，以建立园区、企业孵化基地等模式进一步提高产业聚集效应，带动相关产业发展，促进当地经济水平的提升，同时用市场的方式合理引导劳动力跨区域流动，增加就业总量，调整就业结构，提升劳动力就业技能水平。对于政策导向型产业转移而言，要正确指导相关产业的区位选择与分布，合理分配人力资源，保证就业稳定效应的持续。进一步加强职业技能培训，实行按常住人口分配就业培训资金，注意使劳动力技能素质结构与产业发展对劳动力的需求相匹配。在产业转移过程中，统筹协调产业政策与就业政策，特别是在制定产业政策时将促进就业充分考虑进去，使产业发展与就业增长保持高度一致。通过以上多维度的政策措施，积极应对产业转型升级给中国就业市场带来的机遇和挑战。

第三节　加快人才培养，满足东部地区产业结构调整需要

我国产业在地区之间的转移过程实质上就是产业区位重构的过程，是产业随着外部市场环境的变化寻求最优发展区位的过程，是产业追求利益和效率最大化的过程。东部地区作为市场经济发展较为完善的经济区域，价格机制和竞争机制是市场指导产业转移的结构、内容以及方向的指示器，同时也为区域产业转移提供了一个高效、有序的实现通道。因此东部地区向中西部地区的产业转移必须是市场主导的产业转移，也只有在成本信号和市场需求信号指引下，产业转移才是符合市场经济发展规律且有效的。在市场经济条件下，原有的依靠工农产品价格"剪刀差"，由中西部支持东部发展，再借助中央财政的转移支付，由东部帮助中西部增长的传统区域经济发展模式已经不复存在了，取而代之的是不同区域各自独立的利益诉求。对于东部地区的产业西移而言，虽不是完全的利益导向，但是没有经济利益的产业是无法持续的，因此，以经济效益为纽带、以市场机制为手段、以企业为主体的产业转移将是东部地区产业西移所要遵循的一般规律。

对于东部地区的要素市场而言，在产业转移的大背景下要促

进区域内产品和要素市场的一体化。一体化的重要特点是产品、要素的自由流动和市场化配置。东部地区在经济一体化中需要统一规划商品市场和要素市场的建设，形成区域商贸网络，加大商品交流的广度和深度；大力建设以大城市为中心的要素市场体系，尤其是金融、人才、技术、信息、产权的要素市场，促进各类专业市场和特色市场的合理分布与分工。在 21 世纪头十年里，东部地区的三大经济区域需要以壮大高新技术产业和中高档商品市场、开发型商业形态为主攻方向。而对于中高端商品市场而言，人力资源质量以及人力资本是要素市场是否能有效建立的关键因素，因此加快人才培养以满足我国东部地区产业结构调整需要是东部地区产业转移与就业政策的重要结合点之一。首先，应制定具有前瞻性的人才培养战略，使人才培养能够真正服务于经济、产业发展。要使教育与产业之间具有联动性，从国家战略层面深入剖析我国东部地区人力资源现状，准确把握人才引进以及人才培养过程中应解决的实际问题，增加创新性、高层次、跨学科领域的复合型人才，合理分配人力资源地域分布，有效发挥人才带动产业、产业聚集人才的联动机制。其次，进一步完善教育体系，以就业为导向，加大职业教育发展力度。通过技能人才需求预测体系的构建，充分发挥政府调控的职能以及鼓励行业参与到职业教育中来，使职业教育真正为区域产业转移以及东部地区产业结构转型升级提供合格的技能型人才。最后，以能力为导向，加强企业培训激励，促进劳动力素质提高与产业发展相匹配。通过加强素质培训，构建灵活多样的资助培训体系，丰富企业内训模式，大力推进校企合作，使企业培训的效能最大化，促进劳动力就业技能、素质的提升，与产业共同发展。

第四节　实施中部地区产业多元化策略，完善劳动力市场

中部地区实施承接产业转移的产业政策，应努力实现承接产业主体多元化，实施以壮大主导产业、培育新兴产业、促进城市集群发展为目标的产业承接策略。中部地区在工业化发展进程中，已在原料工业、燃料动力工业、设备制造业和农产品加工业以及高科技领域形成了具有自身比较优势的主导产业。其中山西的煤炭采选业的产业贡献率高达 73.75%，湖南的烟草加工业高达 48.7%，湖北的交通运输设备制造业高达 24.26%。[①] 中部地区的产业转移必须围绕这些主导产业来进行，通过大幅度增加投入，在争取国债专项资金、用好银行贷款和政府配套资金的同时，积极吸引外来投资，做好承接东部地区产业转移的工作，着力启动民间资本，从资本市场募集更多的资金，形成以市场为导向、以企业为主体、以政府为辅导，致力于追求经济效益的投入机制，迅速增强主导产业的经济实力。同时加快形成主导产业经济群，建立中部地区特色的优势产业群，推动资源主导型产业结构向市场主导型产业结构转变，做好承接产业转移与产业自身工业化转型升级的两手准备，提高工业整体经济发展质量和市场竞争力。同时，中部地区作为我国工业化经济的后起之秀，应培育和引进更多的新兴产业，保持中部地区产业成长性良好的态势，为此，中部地区应加大政策扶持力度，积极进行技术引进和产业转移承接。在城市集群发展方面，中部地区应更好地发挥大城市（武汉、郑州等）的"增长极"作用，加强创新能

---

① 马子红：《中国区际产业转移与地方政府的政策选择》，人民出版社，2009，第218～219页。

力，提高经济效益，扩大就业拉动效应，实现"大城市带动中小城市经济，经济带动就业、就业促进经济"的城市集群经济和社会的发展目标。此外，在承接产业转移的过程中，应努力实现产业转移承接主体多元化，发挥地方政府在承接产业引导规划方面的指导作用，鼓励采取"主体多元、大小并进"的策略，壮大中部地区民营经济主体，增强中部地区的市场活力，提高劳动力市场的活跃度，最大限度地提升就业总量、优化就业结构以及提高劳动力整体就业技能。

从中部地区劳动力市场和产业经济发展的角度来看，相比东部、西部地区，目前我国中部地区正处于工业化中期，经济发展以工业、重工业为主，因此中部地区劳动力市场的培育和发展既要以市场的供需为导向，又离不开政府的宏观政策指导和法律法规。为了克服劳动力市场失灵，有效降低劳动力工作搜寻成本，当地政府应建立专门的公共就业服务机构，建立健全公共就业服务网络，为城乡劳动力就业提供有效的公共服务，同时进一步完善劳动力流动制度，改革户籍制度和城市外来劳动力的各种管理制度，便利当地农村富余劳动力就近就地转移就业，破除各种人才流动的区域壁垒，促进劳动力向主导优势产业聚集，进一步提高中部地区产业经济发展能力，辐射社会经济效应，拉动当地整体就业量，提升劳动力整体素质，以满足产业转移对产业工人和专门人才的需求。

第五节　夯实西部地区产业基础，保障劳动力就业稳定

目前西部地区劳动力供给相对充裕，主要是其人口增长率普遍高于全国平均水平，同时其劳动力供给弹性较小，人口的高速增长

势必带来劳动力的高速增长，对于一个劳动力相对充裕的欠发达地区来说，势必带来更大的就业压力。为此，西部地区需要通过承接其他地区的产业转移来大力发展劳动密集型产业，在吸纳剩余劳动力的同时推进西部地区的工业化进程。但从西部地区整体经济发展来看，其工业总量偏低、轻重工业的结构失衡以及工业发展内在质量不高等经济发展劣势使得西部地区在承接其他地区的产业转移过程中会出现"产业转移不经济"的负面效应，从上述我国区域产业转移就业效应的实证分析结果也可以看出，目前我国西部地区的产业转移不仅没有起到拉动就业或者提升劳动力整体素质的效果，反而对其劳动力市场产生了负向效应，劳动力技能水平仍处于低层次。这主要是因为我国目前处于产业大规模地向西部转移的过程中，但西部地区没有足够或者完善的产业基础配套设施的支撑，当前西部地区的基础设施远不足以托起大规模的产业转移，包括交通基础设施、邮电通信设施、基础设施的软件建设等都存在不同程度的滞后，因而转移过来的产业更多地排挤了当地中小企业的发展，造成劳动力就业排挤效应。

因此，西部地区承接产业转移，需要做好以下两项工作。第一，明确和合理选择所接纳的产业。西部地区引进、接纳东部、中部地区及国外的产业，不能仅仅只是引进生产能力，扩大生产规模，更重要的是要通过引进的产业来辐射其他产业的发展，发挥其扩大就业、提升劳动力技能水平、完善劳动力市场结构的功能，保证劳动力就业市场和社会的稳定和发展。比如新疆维吾尔自治区在承接产业转移的过程中应更多地承接能够吸纳大量就业的劳动密集型产业（例如纺织业等），创新农村富余劳动力转移就业制度，进一步实现新疆经济社会稳定的发展目标。第二，加大国家对西部地区基础设施建设的投资力度。应从跨省的公路、铁路干线、大江大河的治理及重大水利工程和饮水工程，邮电、通信、广播、网络等信息基础设施建设，以及其他公益和非公益性的项目工程等方面来合理规划国家在西部地区基础设施建设投资的重点领域。同时应最大限度地发挥政府调控宏观经济的功能，进一步完善价格运行机制，采用支持性价格政策筹集建设资金，形成中央政府、地方政府、企业、劳动者"四位一体"的政策监督体系，合理确定四者权、责、利的内容，调动各方面积极性。

由于西部地区目前仍以低技能劳动力就业为主，因此维护低技能劳动力权益以维护社会经济发展稳定是西部地区在承接产业转移过程中需要重点关注的内容之一。随着西部地区承接产业转移的不断推进，劳动力回流以及当地富余劳动力就近就业的趋势不断加强，农民工开始在更大的区域范围内进行选择性迁移，因此各地方政府和企业需要重视劳动力工作状况的改善，提高薪酬水平，进一步完善劳动力市场制度，改善其就业环境，维护低技能劳动力的法律权利和权益，保证西部地区社会经济的稳定发展，为其进一步工业化和城镇化提供人力资源保障。

本章小结

在本书理论与实证研究结论的基础上，本章分别从全国、东部、中部、西部四个层面提出产业转移中促进就业的政策建议。

第一，本章对我国区域产业转移与劳动力就业的关系进行了价值判断，确定了我国区域产业转移与劳动力流动互为因果关系的理论思路。我国改革开放以来的区域经济发展特点既带来了东部地区市场经济的规模化，吸引我国中西部地区的劳动力向东部地区大规模流动，形成劳动力成本优势，同时劳动力资源的不断流动也促进了不同产业自身的规模化发展，促进了当地经济水平的提升。

第二，从全国层面来看，应确定就业优先战略的产业转移策略，以产业带动就业的增长，以就业促进产业的发展。根据上述产业转移与就业互为因果关系的价值判断，本章认为中央以及地方政府的政策制定要以产业转移与劳动力就业协调发展为目标，将增长就业目标融入产业政策的制定过程中，发挥其最大限度地拉动就业的功能。

第三，对于东部地区而言，其后工业化发展的经济形势必然会带来其产业转型升级的结构调整要求，因此东部地区需在成本信号和市场需求信号的指引下，发挥市场经济的主导作用，其中更为重要的是要合理规划东部地区要素市场资源的分配，加快人才培养以满足当地产业转型升级对技能人才的大量需求。

第四，对于中部地区而言，应努力实现其承接产业主体的多元化，实施以壮大主导产业、培育新兴产业、促进城市集群发展为目标的产业承接策略。同时最大限度地发挥产业集聚效应，吸引劳动力向中部地区聚集，因此政府部门应该更加重视完善当地劳动力市场制度，建立健全公共就业服务网络，进一步完善劳动力流动制度，促进技能劳动力向主导产业聚集，进一步提高中部地区产业经济发展能力。

第五，对于西部地区而言，其最重要的发展目标是加强西部地区产业配套基础设施的建设，包括交通基础设施、邮电通信设施、基础设施的软件建设等；同时在承接产业选择上应更加谨慎，不能仅仅只是引进生产能力强、生产规模大的企业，而是要更多地引进能够最大限度地发挥社会效应的产业，促进当地经济发展的同时，也保持当地就业的稳定性。此外，应该加强承接产业转移对劳动力就业技能的提升效应，在维护低技能劳动力就业权益的同时，积极加强科研基础建设，避免"打工经济"的负面影响。

第六章 研究结论与展望

第一节 研究的主要结论

本书以我国区域产业转移的就业效应为研究对象,从"产业""区域产业转移""就业效应"等概念界定入手,经过严密的文献述评以及文献计量发现该领域研究的空白点、重点以及难点;之后从产业转移的影响因素、主要模式到我国区域产业转移对就业影响的特殊性,阐释了区域产业转移的就业效应的一般理论机制;在以上理论分析的基础上,本书以我国就业总量、就业结构以及劳动力就业技能为实证对象对我国区域产业转移的就业效应进行理论验证,一方面描绘出目前我国区域产业转移对就业影响的现实情况,另一方面进一步分析本书理论分析部分区域产业转移就业效应的影响机制是否在我国发生、影响的程度如何以及为什么会出现这样的影响效果;最后,本书在对区域产业转移与劳动力就业关系做出价值判断的基础上,从全国、东部、中部、西部四个层面提出了我国未来产业转移、产业发展和其在劳动力市场影响方面的对策建议。具体来说,本书研究主要得出了以下几点结论。

第一,通过回顾国内外关于产业、产业转移等理论研究文献以及目前我国关于此方面内容的研究进展，并结合本书的主要研究对象和研究内容，对产业、产业升级、产业转移以及产业结构调整等概念进行了重新梳理，将不同概念之间的界限明确化。目前国内学者在对"产业升级"、"产业转移"以及"产业结构调整"等产业相关概念进行研究时，常常混用概念或者将概念模糊化，进而导致研究结果出现偏差，极不利于本书专门针对"产业转移"进行研究。因此本书在严格界定"产业"概念的基础上，将"区域产业转移"的概念建立在我国地区间的基础上，即指由于要素或者资源禀赋以及产业需求条件的变化，某些产业从我国东部地区转移到中西部地区的行为和变动过程，同时根据我国行政区域的划分标准将我国 31 个省、自治区、直辖市划分为东、中、西部三大区域。"产业升级"则是一种关联性概念，即它与产业结构调整、产业转移等概念具有相关性，同时具有其自身的特殊性。因此本书中"产业升级"的概念有狭义和广义之分。在产业升级和产业转移的概念基础上，本书进一步厘清了产业结构调整、产业升级以及产业转移之间的动态关系，即产业结构调整与产业转移是包含与被包含关系，而产业结构调整只与广义的产业升级部分有包含与被包含的关系，而狭义的产业升级更多的是产业部门内部的技术性升级，同时产业转移与产业升级在概念结构上会有一定的交叉，即产业转移在一定程度上是指在产业结构调整的基础上进行产业升级。此外，为了进一步明确本书的研究对象和目标，本书对就业效应进行了概念界定。在界定之前，"就业效应"的具体内容应根据研究内容的不同来确定，因此本书认为产业转移带来的就业效应不仅体现在就业量的变化上，而且体现在就业结构、劳动力就业技能等方面的变化上。

第二，本书运用计量统计的方法对目前我国关于产业转移对就业影响研究的发展历程和特征做了详细数据统计分析，以"中国知网"数据库为研究起点，从"产业"与"就业"、"产业转移"与"就业"两种检索结果中得出，产业发展与就业相关影响逐渐成为学术界研究的热门话题，但大多数学者只是从实证角度来进行判断，而对于此研究领域的理论体系建立和问题的解决并没有形成完整的研究成果，其研究水平还远远不够。当然，这与我国经济发展阶段有关。我国产业经济发展较其他发达国家晚，从文献研究的时间序列来看，关于此领域的研究从2005年左右才开始出现热潮，但也反映出产业、就业相关性研究在未来将是产业经济学以及劳动经济学的重点研究内容。同时从文献计量的结果可以发现，目前我国关于产业转移对就业影响效果的研究几乎处于空白状态，相关文献只有121篇，且多以新闻报道的形式出现，但该问题既关乎我国产业政策调整，也是我国民生问题研究的热点，因此本研究具有重大的理论和现实意义。

第三，从我国关于产业转移对就业影响来看，目前专门针对我国区域产业转移对就业影响的研究成果并不多，大部分研究主要集中在以就业量的宏观数据为基础的简单实证研究和以具体区域为背景的实证分析，没有较为系统的理论研究，并且在实证研究中，其指标的选取也较为抽象，在考察产业转移对就业影响的过程中，主要偏向于其对就业总量的影响，没有具体细化就业群体和就业指标的其他维度，没有科学具体地分析指标的适用性。从产业结构调整过程中就业问题的对策建议研究现状来看，国外研究成果主要是从国家层面提出在产业结构调整过程中应明确就业政策导向、就业政策与产业政策的关系以及企业行为等。而国内研究成果更多的是将研究偏向提高第三产业的就业吸纳能力，没有从整体产业结构层面以及东、中、西部三个地区各自的产业政策与就业政策层面进行分析判断。

第四，本书以德国经济学家阿尔弗雷德·韦伯的《工业区位论》、日本经济学家小岛清的《对外贸易论》、英国经济学家阿瑟·刘易斯的《经济增长理论》、弗农的《产品周期中的国际投资和国际贸易》等经典理论为研究基础，结合现代经济和中国经济发展特点，提出了我国区域产业转移的三个主要影响因素：一是区域生产要素禀赋因素，包括劳动力、资本、技术、土地等以物质形态存在的生产要素；二是区位及市场需求因素，包括运输成本、基础设施、市场容量以及市场关联度；三是政策制度因素，产业转移的制度需求包括政府的诱导性制度和强制性制度，此因素也是我国产业转移以及产业结构调整过程中的重要影响因素，是我国产业经济发展的特殊性之一。

根据上述区域产业转移的主要影响因素，本书提出我国区域产业转移的三大主要模式，即要素导向型产业转移、市场开拓型产业转移以及政策导向型产业转移。要素导向型产业转移的动因往往是竞争环境的改变，当产业相关企业在一个地区聚集到一定程度后，生产要素的成本压力逐渐加大，迫使企业寻求生产成本更低的区位，是一种被动的转移过程；市场开拓型产业转移是企业为了克服某些地区市场准入壁垒，扩大产品在市场上的销售规模而进行的产业转移，目的是提高市场占有率以增加企业利润，是一种主动的转移过程；政策导向型产业转移是企业根据国家或者当地政府制定的相关产业政策或者规划而进行产业区位选择的过程，其更多的是一种政府宏观调控的行为，缺乏市场性。

此外，本书通过对比我国东、中、西部地区当前工业制造业的经济发展情况，判断了我国区域产业转移发生的动态过程，分析得出我国区域产业转移的发展特征，即东部发达地区进入工业化后期，中西部地区承接产业转移呈现多元化趋势，同时产业流失现象也逐渐成为我国产业转移过程中的新问题。

第五，基于区域产业转移的影响因素以及主要模式，本书建立了我国区域产业转移就业效应的理论机制模型。根据我国区域产业转移的三种主要模式即要素导向型产业转移、市场开拓型产业转移和政策导向型产业转移，提出我国区域产业转移就业效应的一般理论机制，包括要素投入－就业总量影响效应、比较优势－就业结构调整效应、资本技术－劳动力就业技能提升效应以及政策性转移－就业稳定效应，其中要素投入－就业总量影响效应和政策性转移－就业稳定效应主要是指我国区域产业转移对我国就业总量的影响，其他效应分别为我国区域产业转移对就业结构和劳动力就业技能方面的影响，因此本书在理论机制的层面分别从就业总量、就业结构和劳动力就业技能三个方面分析研究我国区域产业转移的就业效应。

要素投入－就业总量影响效应主要从劳动力成本和资本技术两个方面对就业总量的影响展开研究，分别提出劳动力成本导向型产业转移对劳动力就业影响的两地区理论模型和资本流动对劳动力收入影响的两地区理论模型，从理论上提出生产要素变化带来的产业转移会对就业总量产生增加和挤出效应；比较优势－就业结构调整效应主要是从地区之间比较优势不同的角度出发，以刘易斯模型和托罗达模型为理论基础，同时根据产业转移部门偏向、技能偏向概念，假设产业转移是知识资本和劳动力的转移，提出我国产业转移的部门偏向以劳动密集型、资本密集型和技术密集型产业为主，其对应的技能偏向分别为高技能劳动力、中技能劳动力和低技能劳动力，并提出承接区域产业转移对劳动力就业结构影响的两地区理论模型；资本技术－劳动力就业技能提升效应主要从资本－技能互补、技术－技能提升两个方面，从劳动生产率和技能劳动力需求变化的角度分别提出技能要求不同的产业转移投资对不同技能劳动力需求变化的理论模型、资本－劳动生产率变化模型和技能偏态型技术进步对劳动力就业技能的影响模型；政策性转移－就业稳定效应则从产能过剩、政策租和失业风险控制三个方面对我国政策性产业转移过程中政府政策的就业稳定效应进行研究分析。其中，政策租是指政府在特定地区或者相关区域内通过税收减免、有效合约和产权保护等手段来促进企业转入并且吸引资本流入，为企业带来的经济利益。政府针对政策导向型产业转移过程中出现的劳动力失业、下岗等风险，采取培训再就业、就业安置以及提高经济生产率等方法来稳定就业总量。最后，本书提出了我国区域产业转移就业效应的理论模型，并对其进行了理论解释。

第六，本书根据理论分析结果和数据的可获得性、可操作性原则，运用我国宏观经济统计数据来验证我国区域产业转移就业效应的实际情况。本书通过建立 2001～2015 年我国 31 个省、自治区、直辖市的面板数据模型，运用 Stata 12 数据分析软件从东部地区、中部地区、西部地区来实证检验我国区域产业转移在就业总量、就业结构以及劳动力就业技能三个方面的影响情况，数据来源为 2002～2016 年的《中国统计年鉴》《中国劳动统计年鉴》《中国城市统计年鉴》《中国人口和就业统计年鉴》《中国教育统计年鉴》，最终得到以下三点结论。

其一，我国产业转移在东、中、西部地区的就业总量影响效应明显。其中东部地区产业转移（主要是产业转出）对就业规模的影响效果存在负向效应，1% 的产业转移将会带来东部地区 0.419% 的就业减少，说明目前我国东部地区的产业转出开始对其劳动力市场产生就业排挤效应，与前述理论假设一致；中部地区承接产业转移所带来的就业拉动效应明显，即中部地区承接东部地区所转移出来的产业在劳动力市场表现良好，有效扩大了就业总量，1%的产业转移将会带来0.29%的就业总量增加；而西部地区在承接产业转移的过程中，就业总量下降明显，1%的产业转移将会带来0.365%的就业减少。这是因为西部地区产业转入尚处于起步阶段，相关配套产业与服务业未能有效建立，因此造成制造业内迁的就业挤出效应。但从全国就业总量的趋势判断来看，我国就业整体保持稳定，每年新增就业量仍然在1000万人左右，这与我国区域产业转移过程中政府制定稳定就业政策措施有关。

其二，中西部地区承接产业转移对劳动力从第一产业向第二、三产业转移的趋势产生了正向效应，其既与经济理论中产业结构和就业结构发展规律相一致，同时也符合目前我国产业转移过程中西部地区就业结构向二、三产业转移的规律。但从东部地区来看，第一产业就业人口变化与产业转移（转出）相关性并不显著，这与东部地区本身的社会经济发展有关，经过多年的工业化经济发展，东部地区农村富余劳动力转移已经基本完成，反而一直在吸纳中西部地区的劳动力，同时东部地区现代农业经济的发展也促进了其第一产业的转型升级，因此在数据统计结果上东部地区的第一产业人口变化与产业转移或者产业发展关联性不大。

其三，我国区域产业转移劳动力就业技能提升效应在中部地区较为显著，西部地区劳动力就业技能提升效应尚处于初始阶段，东部地区的产业转移以工业制造业的转出为主，其劳动力就业技能提升与产业转移相关性不大，而是更多的与平均工资紧密相关。从中部地区劳动力就业技能变化的情况来看，中部地区所承接的产业转移对其中技能劳动力就业存在正向效应，而对低技能劳动力就业存在负向效应，其劳动力就业技能提升效应主要表现在中技能劳动力就业增加、低技能劳动力就业减少，这与中部地区的工业经济发展正处于高峰期有关。而从西部地区来看，其仍以低技能劳动力需求为主，中技能劳动力转移到其他地区的趋势明显，但同时承接产业转移所带来的高技能劳动力需求增加开始逐步显现。这是因为西部多数省份才刚刚进入工业化初级阶段或者工业化进程时间较短，并且所承接的产业主要是以低端劳动力需求为主的劳动密集型产业，其对劳动力就业技能要求较低，所以低技能劳动力就业增加。但随着西部承接产业转移的规模逐步扩大，基础设施以及产业配套措施逐步完善，产业吸纳高技能人才的比例开始缓慢增加。

第七，本书从区域产业转移与劳动力就业关系的角度对其进行了价值判断，认为我国区域产业转移与劳动力就业是互为因果的关系。改革开放以来，我国东部地区产业聚集效应带来经济的腾飞，同时吸引了大量中西部地区的劳动力流入东部地区，形成劳动力成本优势，而劳动力成本优势又反过来促进了其与资本相结合，产业生产效率大大提升，产业发展速度进一步加快。因此，在目前我国产业转型升级的大背景下，我们不能将产业发展与劳动力流动割裂开来，而需要在劳动力市场影响的基础上将产业政策和就业政策有机结合在一起。通过价值判断来明确政策的针对性和完整性，这是政策研究的必要步骤之一，只有结合相关理论与实践的正确性，厘清政策实施的针对性，才能提高政策的时效性。

首先，本书确定了就业优先战略的产业转移策略，使产业发展最大限度地带动就业增长。政府应在产业规划、财税、金融、户籍等方面的工作中全盘统筹，加强推进实施更为积极的就业政策和产业政策。

其次，从东部地区产业转移过程中的相关政策建议来看，应发挥东部地区市场主导作用，进一步完善东部地区商品市场，提高劳动生产率，加强人才培养力度，以满足东部地区产业结构调整需要，特别是高新技术型产业对高技能人才的需求。

再次，从中部地区承接产业转移来看，应实施中部地区承接产业转移主体多元化策略，实施以壮大主导产业、培育新兴产业、促进城市集群发展为目标的产业承接策略，发挥产业带动就业增长、就业增长促进产业发展的良性循环功能，进一步完善劳动力市场相关制度，提升劳动力整体素质，以满足产业转移对产业工人和专门人才的需要。

最后，对于西部地区而言，应进一步发挥政府在宏观经济调控方面的作用，加强西部地区产业配套措施和基础设施的建设，形成中央政府、地方政府、企业和劳动者"四位一体"的政策监督体系，合理选择承接有利于当地经济发展和就业增长的产业，维护低技能劳动力的相关权益，为西部地区工业化和城镇化提供人力资源保障。

第二节 研究的不足

由于时间、精力以及数据可获得性差等原因，本书还存在一些不足，需要在今后的研究中进一步完善。

第一，产业转移衡量指标选取的合理性和其他解释变量选取的完整性。本书在实证验证我国区域产业转移就业效应时，选取的产业转移变量是 31 个省、自治区、直辖市规模以上工业增加值比例，即在当期全国规模以上工业增加值基础上的各省规模以上工业增加值的变化情况。本书选取该指标的原因主要有两个：其一，我国产业转移主要以工业制造业为主，因此从数据可获得性和针对性来说，选取工业增加值数据作为产业转移的基础指标较为合适；其二，为了剔除产业增加值的绝对数值带来的负面影响，以各省份工业增加值相对于全国工业增加值的比例作为产业转移指标较为合适。但从产业整体的发展角度来说，产业产值的增加不一定完全是由产业转移造成的，其与产业自身的发展紧密相关，因此用工业产业增加值作为产业转移指标的数据基础是否合适还有待商榷。

此外，在对区域产业转移的就业总量、就业结构、劳动力就业技能效应进行面板数据建模时，其自变量的选择主要有人均 GDP、平均工资、财政支出、固定资产投资以及教育经费，这些解释变量对于模型解释是否具有完整性还需进一步讨论和研究。

第二，模型数据的样本量。本书选取的是 2001～2015 年全国31 个省、自治区、直辖市的面板数据，其时间跨度为 15 年，涵盖了我国 2000 年以来产业发展的过程。但从行业选择的角度来看，由于在产业转移指标选择方面本书只是选择了规模以上工业增加值比例，关于其他产业包括第三产业以及第二产业的其他制造业数据本书并没有考虑，因此数据结果特别是劳动力就业技能提升效应的数据结果缺乏一定的完整性。

第三，政策建议缺乏具体的产业与就业政策参考。本书在对产业转移和就业关系的价值判断基础上，结合理论与实证检验结果，分别从全国、东部、中部以及西部四个层面提出了基于产业层面和就业层面的政策建议。但由于缺乏对政策效果进行评估，其政策的有效性还有待进一步讨论。另外，本书主要还是从宏观经济发展的角度来提出相关政策建议，没有从操作层面具体对产业政策和就业政策进行论证，这也是本书的不足之处。

第三节 有待进一步探讨的问题

通过对我国区域产业转移的就业效应进行研究，本书初步为我国区域产业转移对就业的影响机制建立了一套较为系统的理论框架，并且辅之以实证研究对其理论假设进行数据经验验证。对于本书研究存在的不足，笔者认为应该从以下几个方面进行完善。

第一，产业转移的全面衡量。由于研究能力水平的限制，本书对我国产业转移的研究对象进行明确界定，即本书研究的区域产业转移主要以工业制造业（劳动密集型产业）的转移为主，在实证研究部分选取的产业转移的衡量指标也是我国规模以上工业增加值比例。实际上，我国产业转移涵盖的内容非常复杂，除了工业制造业的转移，包括生产性服务业在内的第三产业的转移也可以成为我国区域产业转移的模式之一，因此如果要进一步确定我国产业转移的全面衡量指标，如何确定第三产业转移的主要模式是未来该领域研究的重要内容之一。

第二，针对微观企业的调查。产业转移的表现形式主要以企业迁移为主，研究产业转移过程中的劳动力流动问题实际上应该将产业转移用微观的视角表现出来，与同样用微观视角表现的劳动力就业的实际情况相结合。将产业转移微观化的表现之一就是针对迁移企业的微观调查，如结合社会学调查等方法对其迁移过程中的员工就业、失业问题进行深入研究，这也是未来该领域研究需要重点突破的课题。

第三，针对产业与就业政策的深入研究。本书基于我国产业转移就业效应的理论和现实情况，从全国、东部、中部、西部四个层面提出了我国产业转移过程中的产业政策和就业政策调整的意见参考，这主要是从宏观视角得出的。在未来的研究中，可以进一步对产业政策与就业政策进行更为具体、更为深入的研究，从政策措施可操作性的角度对我国产业结构调整背景下的该领域研究提出更具有参考价值的政策建议和意见。

参考文献

一 中文著作

[1] 方甲：《产业结构问题研究》，中国人民大学出版社，1997。

[2] 《简明不列颠百科全书》（第二册），中国大百科全书出版社，1985。

[3] 李建平、李闽榕主编《中国省域经济综合竞争力发展报告（2016～2017)》，社会科学文献出版社，2018。

[4] 马子红：《中国区际产业转移与地方政府的政策选择》，人民出版社，2009。

[5] 任志成：《国际产业转移的就业效应研究》，经济科学出版社，2011。

[6] 芮明杰：《产业经济学》（第二版），上海财经大学出版社，2012。

[7] 汪彩君、徐维祥、唐根年：《过度集聚、要素拥挤与产业转移研究》，中国社会科学出版社，2013。

[8] 杨蕙馨主编《产业组织理论》，经济科学出版社，2007。

[9] 张帆：《产业漂移：世界制造业和中心市场的地理大迁移》，北京大学出版社，2014。

二 中文译著

[1] 〔德〕阿尔弗雷德·韦伯：《工业区位论》，李刚剑、陈志人、张

英保译，商务印书馆，2009。

[2]〔英〕阿瑟·刘易斯：《经济增长理论》，郭金兴等译，机械工业出版社，2015。

[3]〔瑞典〕贝蒂尔·奥林：《地区间贸易和国际贸易》，王继祖等译，首都经济贸易大学出版社，2001。

[4]〔美〕奥戴德·申卡尔：《中国的世纪》，金永红、奚玉芹译，中国人民大学出版社，2005。

[5]〔德〕柯武刚、史漫飞：《制度经济学——社会秩序与公共政策》，韩朝华译，商务印书馆，2000。

[6]〔美〕迈克尔·波特：《国家竞争优势》，李明轩、邱如美译，华夏出版社，2002。

[7]〔美〕西蒙·库兹涅茨：《各国的经济增长：总产值和生产结构》，常勋等译，商务印书馆，1985。

[8]〔日〕小岛清：《对外贸易论》，周宝廉译，南开大学出版社，1984。

[9]〔日〕小岛清：《雁行型经济发展论》，《世界经济评论》2000年第3期。

[10]〔日〕小宫隆太郎等编《日本的产业政策》，黄晓勇译，国际文化出版公司，1988。

[11]〔美〕张伯伦：《垄断竞争理论》，周文译，华夏出版社，2009。

三 中文期刊

[1] 蔡昉：《中国就业增长与结构变化》，《学术述评》2007年第2期。

[2] 陈佳贵、黄群慧、钟宏武：《中国地区工业化进程的综合评价和特征分析》，《经济研究》2006年第6期。

[3] 陈秀梅、吴镔：《资本市场化对劳动力要素影响的分析》，《经

济研究参考》2012 年第 26 期。

[4] 陈桢：《技术进步的就业效应及其形成机理》，《西南民族大学学报》（人文社会科学版）2011 年第 10 期。

[5] 成艾华、敖荣军、韦燕生：《中国工业行业技能偏向型技术变化的实证检验》，《中国人口·资源与环境》2012 年第 5 期。

[6] 成学真、王超：《东业西移对西部就业的效应分析》，《开发研究》2005 年第 4 期。

[7] 邓涛、刘红：《我国产业转移对经济增长与就业的影响分析》，《贵州商业高等专科学校学报》2010 年第 3 期。

[8] 段敏芳、徐凤辉、田恩舜：《产业结构升级对就业的影响分析》，《统计与决策》2011 年第 14 期。

[9] 樊士德、姜德波：《劳动力流动、产业转移与区域协调发展——基于文献研究的视角》，《产业经济研究》2014 年第 4 期。

[10] 傅允生：《产业转移、劳动力回流与区域经济协调发展》，《学术月刊》2013 年第 3 期。

[11] 高波、陈健、邹琳华：《区域房价差异、劳动力流动与产业升级》，《经济研究》2012 年第 1 期。

[12] 郭力：《产业转移背景下区域就业变动及其影响因素的地区差异——基于 1999 年—2007 年省级面板数据的实证分析》，《兰州学刊》2011 年第 9 期。

[13] 海闻、赵达：《国际生产与格局的新变化》，《国际经济评论》2007 年第 1 期。

[14] 侯风云：《"产业"概念界定与自然垄断产业多元化基础》，《福建论坛》（人文社会科学版）2009 年第 4 期，第 107 页。

[15] 黄国华：《农村劳动力转移影响因素分析：29 个省市的经验数据》，《人口与发展》2010 年第 1 期。

[16] 江海潮：《产业政策激励、产业剩余分配与产业政策效应》，《产业经济评论》2007 年第 2 期。

[17] 蒋国政、张毅、黄小勇：《要素禀赋、政策支持与金融资源配置：产业转移的承接模式研究》，《理论研究》2011 年第 2 期。

[18] 蒋兴明：《产业转型升级内涵路径研究》，《经济问题探索》2014 年第 12 期。

[19] 李冰：《"技能偏好型"技术进步与就业》，《重庆交通大学学报》（社会科学版）2009 年第 5 期。

[20] 李辉、刘春艳：《日本与欧盟资源型城市转型中的就业对策比较》，《现代日本经济》2006 年第 2 期。

[21] 李娟、万璐、唐珮菡：《产业转型升级、贸易开放与中国劳动市场波动》，《中国人口·资源与环境》2014 年第 1 期。

[22] 李磊：《市场扩张型产业转移与西部地区经济发展》，《山东工商学院学报》2007 年第 3 期。

[23] 林丕：《关于产业划分之管见》，《新视野》1994 年第 1 期。

[24] 刘莉：《产业转移中的就业新路》，《人力资源》2011 年第 10 期。

[25] 刘社建：《就业结构与产业升级协调互动探讨》，《社会科学》2005 年第 6 期。

[26] 刘生龙、王亚华、胡鞍钢：《西部大开发成效与中国区域经济收敛》，《经济研究》2009 年第 9 期。

[27] 刘晓光、卢锋：《中国资本回报率上升之谜》，《经济学》（季刊）2014 年第 3 期。

[28] 刘新争：《比较优势、劳动力流动与产业转移》，《经济学家》2012 年第 2 期。

[29] 刘渝琳、熊婕、李嘉明：《劳动力异质性、资本深化与就业——技能偏态下对"用工荒"与就业难的审视》，《财经研究》2014

年第 6 期。

［30］ 刘志彪：《产业升级的发展效应及其动因分析》，《南京师大学报》（社会科学版）2002 年第 2 期。

［31］ 卢根鑫：《试论国际产业转移的经济动因及其效应》，《上海社会科学院学术季刊》1994 年第 4 期。

［32］ 罗浩：《中国劳动力无限供给与产业区域粘性》，《中国工业经济》2003 年第 4 期。

［33］ 罗伟卿：《财政分权是否影响了公共教育供给——基于理论模型与地级面板数据的研究》，《财经研究》2010 年第 11 期。

［34］ 罗知、郭熙保：《劳动力转移对资本回报率影响的机制分析与实证研究》，《数量经济技术经济研究》2014 年第 1 期。

［35］ 彭曦：《湖南承接产业转移背景下农民工就业问题探讨》，《经济研究导刊》2013 年第 4 期。

［36］ 曲玥、蔡昉、张晓波：《"飞雁模式"发生了吗？——对 1998～2008 年中国制造业的分析》，《经济学》（季刊）2013 年第 3 期。

［37］ 任志成：《FDI 与劳动力技能工资差距》，《南京审计学院学报》2006 年第 4 期。

［38］ 孙文杰：《承接国际外包、价值链升级与我国高技能劳动力就业——基于工业行业的面板门槛模型》，《产业经济研究》2013 年第 5 期。

［39］ 覃成林、张伟丽：《中国区域经济增长俱乐部趋同检验及因素分析——基于 CART 的区域分组和待检影响因素信息》，《管理世界》2009 年第 3 期。

［40］ 王红伟：《论产业转移背景下产业集聚区对就业的带动效应》，《商业时代》2011 年第 19 期。

[41] 王乐平:《赤松要及其经济理论》,《日本学刊》1990 年第 3 期。

[42] 王鹏、陆浩然:《基于行业细分的我国制造业就业技能结构影响因素研究》,《产经评论》2013 年第 5 期。

[43] 王善迈、杜育红、刘远新:《我国教育发展不平衡的实证分析》,《教育研究》1998 年第 6 期。

[44] 王晓枫、郭远芳、袁绍锋:《外国直接投资、产业转移与母国就业传导机制的实证研究》,《大连海事大学学报》(社会科学版) 2006 年第 4 期。

[45] 王晓萍:《"双重产业转移"中的代工制造业升级与就业转型互动》,《社科论坛》2014 年第 3 期。

[46] 王兴中:《要素流动与我国地带间的产业梯度转移》,《改革与战略》2006 年第 1 期。

[47] 吴安:《中国产业及劳动力逆向流动分析——以重庆与北京、广东的比较为例》,《中国工业经济》2004 年第 12 期。

[48] 吴丰华、刘瑞明:《产业升级与自主创新能力构建——基于中国省际面板数据的实证研究》,《中国工业经济》2013 年第 5 期。

[49] 吴德刚:《中国教育发展地区差距研究——教育发展不平衡性问题研究》,《教育研究》1999 年第 7 期。

[50] 谢光亚、陈春霞:《利用外资对北京市就业的贡献》,《北京工业大学学报》(社会科学版) 2005 年第 3 期。

[51] 杨本建、毛艳华:《产业转移政策与企业迁移行为——基于广东产业转移的调查数据》,《南方经济》2014 年第 3 期。

[52] 杨东方、臧学英:《对区位优势内涵的理解与运用》,《城市》2008 年第 6 期。

[53] 杨飞:《劳动禀赋结构与技能偏向性技术进步——基于技术前

沿国家的分析》,《经济评论》2013 年第 4 期。

[54] 杨蕙馨、李春梅:《中国信息产业技术进步对劳动力就业及工资差距的影响》,《中国工业经济》2013 年第 1 期。

[55] 姚先国、周礼、来君:《技术进步、技能需求与就业结构——基于制造业微观数据的技能偏态假说检验》,《中国人口科学》2005 年第 5 期。

[56] 叶琪:《我国区域产业转移的模式比较与战略选择》,《甘肃理论学刊》2014 年第 3 期。

[57] 殷德生、唐海燕、黄腾飞:《FDI 与中国的高技能劳动需求》,《世界经济》2011 年第 9 期。

[58] 余官胜、王玮怡:《海外投资、经济发展水平与国内就业技能结构——理论机理与基于我国数据的实证研究》,《国际贸易问题》2013 年第 6 期。

[59] 张建敏、葛顺奇:《中国承接产业转移的模式变化及政策选择》,《国际经济合作》2014 年第 4 期。

[60] 张兆同:《产业转移政策有效性研究》,《现代经济探讨》2011 年第 10 期。

[61] 赵庆年:《高等教育发展水平评价新概念及其评价》,《教育研究》2009 年第 5 期。

[62] 钟小平:《集聚租、政策租与产业集聚:基于科技服务业的研究》,《产经评论》2014 年第 4 期。

[63] 钟勇、夏庆丰:《产业概念辨析》,《生产力研究》2003 年第 1 期。

[64] 周华:《外商直接投资对东道国收入分配影响的长期效应:以中国为例》,《南开经济研究》2006 年第 5 期。

[65] 周均旭、江奇:《中部产业转移的经济效应及对劳动力就业的

影响——以湖北蕲春为例》，《当代经济》2012 年第 3 期。

[66] 周艳梅：《FDI 对我国制造业就业结构的影响》，《技术经济与管理研究》2011 年第 11 期。

[67] 周泽炯、黄邦根：《产业转移的模式与效应及其对产业结构优化升级影响的研究综述》，《滁州学院学报》2014 年第 4 期。

[68] 朱卫平、陈林：《产业升级的内涵与模式研究——以广东产业升级为例》，《经济学家》2011 年第 2 期。

四 学位论文

[1] 孙红梅：《经济增长与高等教育发展规模的关系研究》，西北大学博士学位论文，2007。

[2] 田洪川：《中国产业转型升级对劳动力就业的影响研究》，北京交通大学博士学位论文，2013。

[3] 王庆丰：《中国产业结构与就业结构协调发展研究》，南京航空航天大学博士学位论文，2010。

[4] 王治虎：《河北省技术进步对就业影响的实证研究》，燕山大学硕士学位论文，2012。

[5] 谢威：《基于扩大就业视角的产业升级研究》，南京财经大学硕士学位论文，2011。

[6] 余俊波：《政府政策、要素流动与产业转移》，暨南大学博士学位论文，2012。

[7] 赵建军：《论产业升级的就业效应》，中共中央党校博士学位论文，2005。

五 外文文献

[1] Acemoglu, Daron, "Technical Change, Inequality and The Labor

Market," *Journal of Economic Literature*, 2002 (1): 7 - 8.

[2] Brouwer, A. E., Mariotti, I., and van Ommeren, J. N., "The Firm Relocation Decision: An Empirical Investigation," *Annals of Regional Science*, 2004 (2): 335 - 347.

[3] Chan, W. H. and Rich, D., "Occupational Labour Demand and the Sources of Non-neutral Technical Chang," *Oxford Bulletin of E-conomics and Statistics*, 2006, 68 (1): 23 - 43.

[4] De Gregorio, Joséand Jong-Wha Lee, "Education and Income Inequality: New Evidence From Cross-Country Data," *The Review of Income and Wealth*, 2002, 48 (3): 395 - 416.

[5] Demetriades, P. O. and Mamuneas, T. P., "Intertemporal Output and Employment Effects of Public Infrastructure Capital: Evidence from 12 OECD," *The Economic Journal*, 2000 (111): 687 - 713.

[6] Dunning, John H., "The Eclectic Paradigm of International Pro-duction: A Restatement and Some Possible Extensions," *Journal of International Business Studies*, 1988 (1): 1 - 31.

[7] Falzoni, A. and Tajoli, L., Offshoring and the Skill Composition of Employment in the Italian Manufacturing Industries, KITeS Working Papers 219, KITeS Centre for Knowledge, Internationali-zation and Technology Studies, 2008.

[8] Feenstra, Robert C. and Hanson, Gordon H., "Foreign Invest-ment, Outsourcing and Relative Wages," in R. C. Feenstra, G. M. Grossman and D. A. Irwin (eds.), *The Political Economy of Trade Policy*, Papers in Honor of Jagdish Bhagwati, Cambridge, 1996, pp. 89 - 127.

[9] Feenstra, Robert C. and Hong, Chang, *National Bureauof Economic*

Researce, 1050 Massachusetts Avenue, Cambridge, MA 02138, October, 2007.

[10] Freeman, R. , "Demand for Education," in Ashenfelter, O. and Layard, R. (eds.), *Handbook of Labour Economics*, 1986.

[11] Gort, M. and Klepper, S. , "Time Paths in the Diffusion of Product innovations," *The Economic Journal*, 1982 (92): 630 – 653.

[12] Goyal, Ashima, "Distant Labour Supply, Skills and Induced Technical Change," in Gen. Vaidya Marg, Santosh Nagar, Goregaon Mumbai (eds.), *Dira Gandhi Institute of Development Research*, Mumbai, 400065, 2006, pp. 137 – 150.

[13] Grossman, G. and Helpman, E. , *Innovation and Growth in the World Economy*, MIT Press Cambrige, 1991, pp. 23 – 34.

[14] Hirst, Paul and Thompson, Graham, *Globalization in Question: The International Economy and the Possibility of Governance*, Polity Press, 1996.

[15] Holl, Adelheid, "Manufacturing Location and Impacts of Road Transport Infrastructure: Empirical Evidence from Spain," *Regional Science and Urban Economics*, 2004 (3): 341 – 363.

[16] Keller, W. , "International Technology Diffusion," *Journal of Economic Literature*, 2004 (3): 56 – 68.

[17] Krugman, Paul, "Increasing Returns and Economic Geography," *Journal of Political Geography*, 1991 (9): 183 – 199.

[18] Krugman, Paul, "The Increasing Returns Revolution in Trade and Geography," *The American Economic Review*, 2009 (3): 561 – 571.

[19] Lumenga-Neso, O. , Olarreaga, M. , and Schiff, M. , "On Indirect Trade-related R&D Spillovers," *European Economic Review*,

2005, 49 (7): 1785 – 1798.

[20] Myrdal, Gunnar, *Economic Theory and Underdeveloped Regions*, Gerald Duckworth, 1957.

[21] Pellenbarg, P. H., van Wissen, L. J. G., and Van Dijk, J., "Firm Relocation: State of the Art and Research Prospects," SOM Research Report 02D31, University of Groningen, 2002 (11): 13 – 50.

[22] Plimpton, Lisa, Indicators of Higher Education Attainment in Maine, August, Maine: Maine Development Foundation and Maine Community Foundation, 2006.

[23] Porter, M. E., *The Competitive Advantage of Notions*, MacMillan Press, 1990.

[24] Raurich and Sorolla, Unemployment and Wage Formationina Growth Model with Public Capital, UFAE and IAE Working Paper, 2002: 15 – 17.

[25] Robertson, Roland and White, K. E., *Globalization: Critical Concepts in Sociology*, Vol. 6, Routledge, 2003.

[26] Stiglitz, Joseph E., *Globalization and Its Discontents*, W. W. Norton, 2002.

[27] Utterback, J. M., *Mastering the Dynamics of Innovation*, Harvard Business School Press, 1994.

[28] Van Vilsteren and Wever, Egbert, *Borders and Economic Behaviors in Europe: A Geographical Approach*, Koninklijke Van Gorcum, 2005, pp. 45 – 108.

[29] Vernon, Raymond, "International Investment and International Trade in the Product Cycle," *The Quarterly Journal of Economics*,

1966, 80 (2): 190 – 207.

[30] Wade, Robert Hunter, *Critical Perspectives on Globalization*, Edward Elgar Pub. , 2006.

[31] Zimmerling, Ruth, *Globalization and Democracy*: *A Framework for Discussion*, The Tampere Club, Tampere/Finland: August, 2003.

图书在版编目(CIP)数据

中国区域产业转移的就业效应分析/李付俊著. --
北京：社会科学文献出版社，2019.3
（科思论丛）
ISBN 978 - 7 - 5201 - 4324 - 0

Ⅰ.①中⋯　Ⅱ.①李⋯　Ⅲ.①区域产业结构 - 产业转
移 - 影响 - 就业 - 研究 - 中国　Ⅳ.①F127 ②D669.2

中国版本图书馆 CIP 数据核字（2019）第 028307 号

·科思论丛·
中国区域产业转移的就业效应分析

著　　者／李付俊

出 版 人／谢寿光
项目统筹／刘　荣
责任编辑／单远举　程丽霞

出　　版／社会科学文献出版社·联合出版中心（010）59367011
　　　　　　地址：北京市北三环中路甲29号院华龙大厦　邮编：100029
　　　　　　网址：www.ssap.com.cn
发　　行／市场营销中心（010）59367081　59367083
印　　装／三河市尚艺印装有限公司

规　　格／开　本：787mm × 1092mm　1/16
　　　　　　印　张：12.25　字　数：151 千字
版　　次／2019 年 3 月第 1 版　2019 年 3 月第 1 次印刷
书　　号／ISBN 978 - 7 - 5201 - 4324 - 0
定　　价／79.00 元

本书如有印装质量问题，请与读者服务中心（010 - 59367028）联系